WILLIAMS-SONOMA

VERDURAS

RECETAS Y TEXTO
MARLENA SPIELER

EDITOR GENERAL
CHUCK WILLIAMS

FOTOGRAFÍA
MAREN CARUSO

TRADUCCIÓN
LAURA M. CORDERA

CONTENIDO

LAS CLÁSICAS

PRIMAVERA

VERANO

OTOÑO

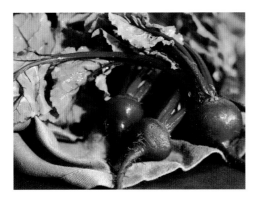

INVIERNO

PLATOS PRINCIPALES

INTRODUCCIÓN

Cada región del mundo tiene su propia riqueza de vegetales frescos de granja. Si busca localmente verduras cultivadas en el periodo álgido de la temporada o las cultiva usted mismo en su jardín, será grandemente recompensado en su mesa. Es para mí un gran placer poder compartir las recetas de este libro con los cocineros de América Latina. Hojee las páginas de este libro y encontrará recetas que muestran como sacar el mejor provecho a lo que nos ofrece cada temporada capturando el ánimo de cada una de ellas.

Incluida en cada receta, encontrará una nota informativa que subraya una técnica o término en particular, ahondando en sus conocimientos sobre la cocina, mientras que al mismo tiempo, el último capítulo cubre todos los términos básicos de la cocina con verduras. Para esta edición en Español, también hemos incluido sugerencias para sustituir ingredientes en caso que éstos difieran a los disponibles localmente. Deseo que este libro le inspire a preparar comidas frescas y sanas usando todos los maravillosos tipos de vegetales que puede encontrar en los mercados de su país. ¡Buen Provecho!

Chuck Williams

LAS RECETAS CLÁSICAS

Estas recetas de vegetales de hoy y siempre han logrado colocarse como clásicas por dos buenas razones: su sencillez y versatilidad. Desde los chícharos frescos con hierbabuena hasta el cremoso puré de papa se presentan en forma clara logrando que cada platillo complemente una gran variedad de menús; desde una sencilla cena familiar para cualquier día de la semana hasta aquellas ocasiones especiales.

ZANAHORIAS GLASEADAS

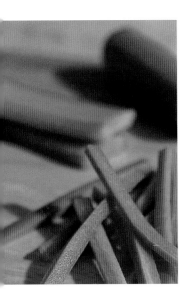

Corte las zanahorias en juliana de 7.5 cm (3 in) de largo y 6 mm (¼ in) de ancho y grueso *(vea explicación a la izquierda)*.

En una olla profunda o freidora, derrita la mantequilla a fuego medio. Añada las zanahorias, el azúcar, jengibre, sal y pimienta y rectifique la sazón. Mezcle y cocine de 1 a 2 minutos. Agregue agua a cubrir las zanahorias, suba el fuego, tape hasta que hierva y las zanahorias tomen un color naranja brillante, aproximadamente 5 minutos. (No agregue demasiada agua ya que tardarían demasiado en cocerse y se volverían pegajosas).

Destape y continúe su cocción a fuego medio alto, hasta que toda el agua se evapore, durante 5-7 minutos más. Continúe cocinando por unos minutos más, hasta que las zanahorias se caramelicen en la mezcla de mantequilla y azúcar. Decore con el perejil, si lo usa, y sirva inmediatamente.

Variación: Esta receta se puede hacer de la misma forma utilizando nabos, colinabo, cebollas, chirivías, etc., ajustando los tiempos de cocción.

RINDE 4 PORCIONES

CORTE JULIANA

Cuando una receta pide por corte juliana o cerillo, utilice un cuchillo de Chef o Mandolina (página 114) para cortar vegetales, carne, queso u otros ingredientes en forma larga y angosta a lograr tiras delgadas. Muchas recetas solicitan el tamaño exacto, pero lo comúnmente usado es de 5 cm (2 in) de largo por 3 mm (⅛ in) de ancho y grueso. Para cortar en juliana cualquier alimento, primero corte las piezas al largo deseado, después corte cada pedazo al ancho deseado. Y por último amontone las rebanadas y corte a lo ancho en tiras delgadas.

750 g a 1 kg (1½-2 lb) de zanahorias peladas

3-4 cucharadas (45-60 g/1½-2 oz) de mantequilla sin sal

2-3 cucharadas de azúcar

⅛ cucharadita de jengibre en polvo o al gusto

Sal y pimienta recién molida

1 cucharada de perejil picado (opcional)

CHÍCHAROS FRESCOS CON HIERBABUENA

16 cebollas cambray

4 cucharadas (60 g/2 oz) de mantequilla sin sal

Sal y pimienta recién molida

1 cucharadita de azúcar

1 kg (2 lb) de chícharos limpios de su vaina (aproximadamente 2 tazas/315 g/10 oz)

1 lechuga "Boston" o romana pequeña rebanada y picada

1 cucharada de perejil fresco picado (italiano)

1 cucharada de hierbabuena fresca picada o una pizca seca y molida (ver nota)

Coloque en una olla agua a sus ¾ partes de capacidad y deje hervir. Añada las cebollas cambray y blanquee por un minuto. Escurra y sumerja en agua fría durante 5 minutos para detener la cocción. Escurra por segunda vez y deseche la cáscara que se retirará con facilidad. Utilice un cuchillo mondador corte las raíces y los rabos.

En una sartén de fondo grueso, derrita la mitad de la mantequilla a fuego medio bajo. Agregue las cebollas y fría hasta que tomen un color dorado pálido y se hayan suavizado, aproximadamente 8 minutos. Espolvoree con sal y pimienta y con la mitad del azúcar y mezcle bien.

Añada los chícharos, lechuga, perejil, hierbabuena y el resto del azúcar. Combine y sazone con sal y pimienta. Agregue agua a cubrir los chícharos. Aumente el fuego a medio alto y deje hervir. Reduzca el fuego a dejar muy bajo; tape y deje cocer a fuego lento hasta dejarlos tiernos, de 5 a 8 minutos.

Escurra y coloque sobre un platón caliente. Agregue el resto de la mantequilla, mezcle a cubrir parejo y sirva inmediatamente.

Nota: En vez de la hierbabuena puede utilizar también de 1 a 2 cucharadas de albahaca fresca picada o perejil liso ó 1 cucharadita de tomillo y mejorana frescos picados.

RINDE 4 PORCIONES

DESVAINAR CHICHAROS

Para retirar los chícharos de su vaina, sostenga la vaina sobre un tazón grande y hondo, apriete la vaina ligeramente para abrir por la mitad; corra su dedo pulgar a lo largo para desprender los chícharos, colocándolos en el tazón. Pele justo antes de cocerlos para prevenir que se sequen. Si no consigue chícharos frescos en el mercado, un buen sustituto son los congelados que tardan más o menos lo mismo para su cocción.

PURÉ DE PAPAS

Coloque las papas enteras en una olla grande y cubra con agua dejando hasta 5 cm (2 pulgadas) más. Añada pizcas de sal y de azúcar. (El azúcar ayuda a sacar el sabor natural de las papas, sin aumentar el grado de dulzor en el resultado final del platillo.) Deje hervir a fuego alto. Reduzca a calor medio; tape y cocine hasta que estén suaves, durante 25-35 minutos, dependiendo del tamaño. Cheque el cocimiento con un tenedor; las papas se podrán picar fácilmente. (No deje hervir hasta que se desmoronen, ya que será difícil colarlas y al prensar el puré quedaría aguado.)

Escurra las papas y, cuando pueda sostenerlas con las manos, pele. Regrese a la olla a calor bajo y mueva la olla para secarlas ligeramente, retire del fuego. Con la ayuda de un prensador de papa o una batidora eléctrica, prénselas (vea explicación a la izquierda). O, si prefiere, puede pasarlas por un pasapurés colocado sobre la olla.

Vuelva a colocar la olla sobre calor bajo y añada la mantequilla, trabajando con la ayuda de una cuchara o un batidor. Integre ¼ de taza de leche caliente o más si es necesario, sazone con sal y pimienta. Sirva inmediatamente o pruebe las siguientes variantes.

Puré de Papa al Ajo: Al calentar la leche añada 1 ó 2 dientes de ajo rebanados. Cuele posteriormente para retirar el ajo antes de utilizar la leche.

Puré de Papa al Pesto: Reduzca la cantidad de leche a 2 ó 3 cucharadas. Integre batiendo de ¼ a ½ taza (60-125 ml/2-4 fl oz) de pesto (página 111) al gusto.

Puré de Papa al Roquefort: Añada 125 g (¼ lb) de queso Roquefort o Azul desmoronado; 1 diente de ajo machacado y exprima jugo de limón al gusto al prensar las papas. Sirva con perejil o cebollín picado.

RINDE 4 PORCIONES

4 a 5 papas "Russet", "Yukon" o papas blancas grandes aproximadamente 1 a 1.25 kg (2-2½ lb)

Sal y pimienta recién molida

Una pizca de azúcar

4 cucharadas (60 g/2 oz) de mantequilla sin sal o al gusto

¼–½ taza (60-125 ml/2-4 fl oz) de leche, crema espesa o media crema caliente

EJOTES VERDES CON ALMENDRAS TOSTADAS

Sal y pimienta blanca recién molida

Una pizca de azúcar

1 kg (2 lb) de ejotes verdes tiernos cortados del tallo (vea nota)

3 cucharadas de mantequilla sin sal

⅓ taza (45 g/1½ oz) de almendras fileteadas (hojuelas)

Coloque en una olla grande, agua a sus ¾ partes de capacidad y hierva. Añada pizcas de sal y de azúcar y los ejotes verdes. Cueza hasta que los ejotes tomen un color verde brillante y estén tiernos, de 1 a 2 minutos. El tiempo dependerá de la madurez y tamaño de los ejotes.

Escurra y coloque en un recipiente con agua helada. (Si el agua no está suficientemente fría, agregue unos cubos de hielo.); esto suspenderá la cocción y dejará los ejotes crujientes y de un color verde brillante. Deje en esta agua fría por unos minutos. Cuele y coloque sobre un trapo de cocina limpio para absorber el exceso de humedad.

En una sartén grande, derrita la mitad del azúcar a fuego medio. Cuando forme espuma, agregue las almendras y saltee a dorar de 3 a 4 minutos. No permita que las almendras ni la mantequilla se quemen.

Cuando las almendras estén doradas, añada el resto de la mantequilla. En el momento que derrita, agregue los ejotes y cubra completamente mezclando, de 2 a 3 minutos. Sazone con sal y pimienta blanca y sirva inmediatamente.

Nota: Para recortar los ejotes, retire el tallo y hebras que pudiera tener la vaina. La punta puede dejarse intacta.

Variación: Si lo desea, añada de 1 a 2 echalotas picadas a las almendras justo después de freír.

RINDE 4 PORCIONES

PARCIALMENTE HERVIDO O MEDIA COCCIÓN Y SUSPENSIÓN DE COCIMIENTO

En esta receta los ejotes fueron parcialmente hervidos en agua y después súbitamente introducidos en agua helada para detener el proceso de cocimiento para fijar el color y la textura. La inmersión en agua hirviendo suaviza su textura sin cocerlos completamente, mientras que el baño en agua fría preserva el color brillante y detiene el cocimiento. El baño de agua también conserva la frescura de los ejotes por varios minutos hasta estar listos para recalentar en la salsa. Este tipo de cocimiento es una excelente manera para preparar otros vegetales para ensalada.

ESPINACAS SALTEADAS CON PASAS Y PIÑONES

Coloque las uvas pasas en un refractario con agua hirviendo a cubrir. Tape y deje hidratar durante 10 minutos. Escurra y reserve.

Mientras tanto, si desea, tueste los piñones calentándolos en una sartén gruesa sobre fuego medio, moviéndolos a que se doren y aromaticen, de 2 a 4 minutos. Vigile continuamente ya que se pueden quemar con facilidad. Una vez tostados pase a un plato.

En una sartén, caliente el aceite de oliva a fuego medio. Agregue la cebolla y saltee a dorar, de 5 a 8 minutos. Añada el ajo y saltee por un minuto más. Retire la sartén del fuego y reserve.

Coloque las hojas de espinaca con la poca agua que quede en sus hojas en una olla, a fuego medio alto; tape y cueza hasta que las espinacas se marchiten y tomen un color verde brillante, de 1 a 2 minutos. Retire del fuego y cuele sobre un cedazo, presionando con la parte trasera de una cuchara para quitar el exceso de humedad. Cuando la espinaca este fría y pueda manejarla, pique finamente. (Si utilizó hojas de espinaca pequeña, omita el picado.)

Coloque las espinacas drenadas, las pasas, los piñones en la sartén con la cebolla y ajo y vuelva al fuego medio. Combine hasta que las espinacas y cebollas estén bien calientes, de 1 a 2 minutos. Sazone con sal y pimienta al gusto. Sirva caliente o a temperatura ambiente.

Variación: En vez de las uvas pasas negras puede utilizar pasas amarillas (sultanas) o moscatel grandes y hojuelas de almendras en vez de piñones.

RINDE 4 PORCIONES

¼ **taza (45 g/1½ oz) de uvas pasas**

¼ **taza (37 g/1¼ oz) de piñones**

2 cucharadas de aceite de oliva extra virgen

1 cebolla amarilla o blanca finamente picada

1 diente de ajo picado

1 kg (2 lb) de hojas de espinaca sin tallo lavadas

Sal y pimienta negra recién molida o pimienta de cayena

PIÑONES

Busque piñones sin cáscara y ovales en vez de los redondos y gordos. Los primeros básicamente de origen europeo, tienen un sabor delicado, mientras que los de origen asiático logran un sabor más fuerte. Cómprelos en tiendas o mercados concurridos ya que, por su alto contenido de grasa, son sumamente perecederos. Almacene todas las nueces en recipientes contra aire, en lugares frescos sin luz por periodos de tiempo cortos, o en refrigeración o congelación para períodos largos.

BRÓCOLI CON SALSA HOLANDESA

PARA LA SALSA
HOLANDESA:

2 yemas de huevo

Una pizca de sal

Una pizca de pimienta de
cayena

Jugo de ½ limón,
(aproximadamente 1½
cucharada) o al gusto

2 cucharadas de mantequilla
fría cortada en trozos
pequeños

½ taza (125 g/4 oz) de
mantequilla derretida tibia

Una pizca de sal

Una pizca de azúcar

1 cabeza grande de brócoli
ó 2 pequeñas (ver nota)
aproximadamente 1 kg
(2 lb), cortadas en flores
pequeñas

Para preparar la salsa holandesa, coloque los huevos a baño maría *(vea explicación a la derecha)*, batiendo hasta que espumen. Añada la sal, pimienta de cayena, 1 cucharada de jugo de limón y la mitad de la mantequilla fría en trozos. Coloque la olla encima de otra olla con agua sin que ésta toque el agua, baje el fuego. Continúe batiendo hasta que la mezcla espese ligeramente y la mantequilla se derrita, aproximadamente 5 minutos. Si la mezcla se cuece demasiado rápido, retire del calor y continúe batiendo y añada más trozos de mantequilla fría si los llegará a necesitar.

Vierta la mantequilla derretida, gota a gota, batiendo cada vez que añada, hasta que se absorba completamente. Ya que la mezcla esté emulsionada y espesa, empiece a agregar la mantequilla más rápidamente, primero una cucharada y después otra, batiendo cada vez.

Retire del calor la olla de arriba y coloque el resto de la mantequilla cortada en trozo, bata a integrar. Pruebe y añada el resto del jugo de limón, si es necesario. Rectifique la sazón con sal y pimienta de cayena. La salsa se puede mantener tibia durante 30 minutos, sobre la olla con agua sin prender la flama. Mezcle ocasionalmente para mantener unida la salsa.

Coloque una cacerola a sus ¾ partes de capacidad con agua a hervir. Agregue dos pizcas de sal y azúcar y el brócoli, deje hervir hasta que éste tome un color verde brillante y esté tierno pero crujiente, de 1 a 2 minutos. Escurra.

Sirva bañado con la salsa holandesa.

Nota: La salsa holandesa contiene huevos parcialmente cocidos; para mayor información refiérase a la página 113. Si siente duro el tallo del brócoli, puede pelarlo con un rallador de verduras o un cuchillo mondador antes de cortarlo.

RINDE 4 PORCIONES

HERVIDOR DOBLE O BAÑO MARÍA

Es una olla doble usada para cocinar suavemente. Consiste en 2 ollas, una en la cual se coloca agua y sobre ella se pone otra, la cual no debe tocar el agua. La olla o cacerola con agua no debe hervir. El ajuste perfecto entre una y otra asegura que el agua o vapor no se mezclará con el ingrediente a cocinar. Si no cuenta con este artículo, puede utilizar un refractario que embone perfectamente sobre una olla o cacerola.

DAUPHINOISE AL GRATÍN

EL CLÁSICO GRATÍN
Este gratín de papas es originario de la región de Dauphine al Este de Francia. Es fácil de preparar, pero hay ciertos trucos que seguir. El primero, es remojar y después secar perfectamente las rodajas para retirar el exceso de almidón, evitando una consistencia chiclosa. Debe utilizarse una generosa cantidad de sal igual que la mantequilla y crema que deben ser de muy buena calidad. El queso no es necesario ya que el crujiente de las papas dominaría el sabor. Escoja un platón de cerámica artesanal para reflejar el carácter propio del platillo.

Corte las papas a lo ancho en rodajas de 3 mm (⅛ in) de grosor. Puede hacerlo a mano con un cuchillo filoso o con la mandolina o, si las desea menos perfectas use el procesador de alimentos. Coloque en un tazón grande. Añada agua fría a cubrirlas, deje remojar por lo menos de 15 minutos a una hora.

Coloque la rejilla en la parte superior del horno y precaliente a 165ºC (325ºF), Ponga una charola de horno en la rejilla inferior para recoger cualquier residuo. Frote con el diente de ajo partido la base y orillas de un molde refractario poco profundo con capacidad de 2 l (2 qt). Engrase después con las 2 cucharadas de mantequilla a temperatura ambiente.

Escurra las rodajas de papas y seque con toallas de papel de cocina. Corte las cuatro cucharadas de mantequilla en pedazos pequeños. Coloque una capa de papas en el molde preparado, espolvoree con sal y pimienta y distribuya los pedazos de mantequilla y los dientes de ajo picados si los utiliza. Repita la operación en capas hasta terminar con todas las papas, reservando un poco de la mantequilla para colocar sobre el gratín. Debe dejar un espacio de 12 mm (½ pulgada) entre la orilla del platón y las papas. Esparza la crema homogéneamente sobre las papas al igual que los trozos de mantequilla restante y espolvoree con sal y pimienta.

Cubra el gratín con papel aluminio y hornee de 30 a 40 minutos hasta que las papas estén transparentes y la crema burbujeante. Destape y vuelva al horno por 30 minutos más, hasta lograr una capa crujiente y las papas estén suaves, rectifique el cocimiento con un cuchillo. Si el gratín se secara, bañe con su propio líquido ocasionalmente mientras se hornea. Sirva el gratín inmediatamente en el mismo refractario.

Para servir: Después de hornear el gratín espolvoree por encima perejil picado y pimientas rosadas, para lograr un decorado lleno de color tipo confeti.

RINDE 4 PORCIONES

5 papas grandes tipo "Russet", aproximadamente 1.25 kg (2½ lb) peladas

3 a 5 dientes de ajo picados, más 1 diente partido a la mitad (opcional)

4 cucharadas (60 g/2 oz) de mantequilla sin sal , más 2 cucharadas a temperatura ambiente

sal y pimienta recién molida

1½ taza (375 ml/12 fl oz) crema espesa

PRIMAVERA

La primavera llega llena de tonos verdes: manojos de espárragos y montones de guisantes ingleses dulces y crujientes, chícharos en vaina, robustas alcachofas y jóvenes cebollas finas. Pero la variedad no termina ahí. Para darle color a la mesa, los cocineros incluyen papas de cambray rojas, blancas y amarillas; rábanos crujientes de color rojo, púrpura y colores pastel; así como setas en tonos marrones.

SETAS MEZCLADAS CON MANTEQUILLA DE AJO Y PIÑONES

SETAS SILVESTRES
Muchas veces vemos el término setas silvestres en algunas recetas, en menús, etc., pero por lo general una descripción más exacta sería setas exóticas, ya que la mayoría de las setas silvestres que comemos actualmente son cultivadas. Entre las variedades no cultivadas hoy en día están las morillas con sabor perfumado, la favorita de la primavera y los chanterelles del otoño, los porcini (cepes), Matsutakes y Black Trumpets. Todas las demás variedades maravillosas de oysters, shiitakes, portobellos y cremini son cultivadas con éxito.

Precaliente el horno a 230ºC (450ºF). Quite cualquier tronco duro de los hongos y resérvelos para hacer sopa o consomé. Corte las setas más grandes en pedazos de modo que sean del mismo tamaño que las setas pequeñas. Acomódelas en una sola capa dentro de una sartén grande para asar.

En un tazón, usando una cuchara o batidor globo, combine la mantequilla, ajo, sal y pimienta al gusto. Espárzala sobre las setas o salpique las superficies con cucharadas pequeñas. Rocíe el vino uniformemente.

Hornee hasta que empiecen a crispar y broncearse, alrededor de 15 minutos. Sáquelas del horno, añada los piñones y vuelva a meterlas al horno para continuar asándolas hasta que estén cocidas y ligeramente doradas, alrededor de 10 minutos. El tiempo total de cocción depende de los tipos de setas usadas; algunas variedades tomarán más tiempo que otras. Rectifique la sazón.

Pase a un plato caliente y agregue el cebollín. Sirva de inmediato.

Variación: Las almendras blanqueadas se pueden utilizar en lugar de los piñones en esta receta. Tuéstelas y úselas como lo haría con los piñones.

RINDE 4 PORCIONES

500g (1 lb) de mezcla de setas frescas (tales como: Morel, Portobello, Shiitake, Ostra, Cremini y White Button) cepilladas

4 a 6 cucharadas (60 a 125 g/2-4 oz) de mantequilla sin sal a temperatura ambiente

3 a 5 dientes de ajo picados

Sal y Pimienta recién molida

2 cucharadas de vino blanco seco

⅓ taza (60 g/2 oz) de piñones

1 a 2 cucharadas de cebollín fresco picado ó perejil italiano

ESPÁRRAGOS ASADOS, CUATRO FORMAS

2 manojos (1 kg / 2lb) de espárragos, preferentemente gruesos, sin excesos y pelados si es necesario *(vea explicación a la derecha)*

2 cucharadas de vino blanco seco o vermouth seco

Sal y pimienta recién molida

3 cucharadas de aceite de oliva extra virgen

El jugo de ½ limón

Coloque la parrilla en la parte superior del horno y precaliente a 230ºC (450ºF). En un refractario grande y poco profundo mezcle los espárragos, el vino, sal y pimienta al gusto y el aceite de oliva a cubrir los espárragos uniformemente.

Ase hasta que se doren ligeramente y estén tiernas y crujientes, aproximadamente 10 minutos, haciendo cuidado de no sobre cocinarlos.

Pase los espárragos a un platón y rocíelos con el jugo del limón al gusto. Sirva de inmediato o intente cualquiera de las siguientes variantes.

Espárragos Asados con Parmesano en Lajas: Rocié el jugo del limón sobre los espárragos calientes. Usando un rallador de queso, un pelador de verduras o un cuchillo mondador; haga de 30 a 60 g (1-2 oz) de lajas de queso parmesano, pecorino romano, Asiago o queso seco Jack y coloque sobre los espárragos.

Espárragos Dorados con Pesto: Omita el jugo de limón. Rocíe los espárragos calientes con 1 ó 2 cucharadas de Pesto (página 111), o al gusto. Sirva de inmediato.

Espárragos dorados con salsa Holandesa: Rocíe los espárragos calientes con el jugo de limón y sírvalos con salsa holandesa. (página 21)

RINDE 4 PORCIONES

CORTANDO ESPÁRRAGOS

Para preparar espárragos busque la porción fibrosa en su base y recorte cada espárrago. Puede recortar la base seca y dura o sencillamente romperla al doblarla suavemente hasta que truene. Se romperá exactamente en donde termina la parte suave y empieza la parte dura. Si la piel parece gruesa y dura, use un pelador de verduras o cuchillo mondador para pelar el tallo hasta 5 cm (2 in) de la punta. Esto ayudará a que el espárrago se cueza más uniformemente.

HABAS VERDES CON JAMÓN SERRANO Y HUEVO FRITO

PELANDO HABAS VERDES

Las habas verdes deben pelarse antes de cocerse. A menos que las habas sean muy pequeñas y suaves, también debe desecharse la piel que las cubre. Para retirar la piel, blanquee las habas en agua hirviendo con sal hasta que estén suaves, de 1 a 2 minutos. No sobre cueza. Escurra y enjuague bajo el chorro de agua. Pique cada haba del lado opuesto a donde estaba adherido a la vaina y exprima; la haba saldrá. Use un cuchillo mondador para retirar cualquier piel adherida.

En una sartén grande, caliente 2 cucharadas de aceite de oliva a fuego medio. Añada la cebolla, ajo y jamón y cocine hasta que la cebolla se suavice, aproximadamente 5 minutos. Incorpore las habas verdes peladas e integre con cuidado para que no se rompan; agregue el jerez, caldo y el perejil. Cocine a fuego alto hasta que el líquido se absorba ligeramente y los sabores se mezclen, aproximadamente un minuto. Vierta otra cucharada de aceite de oliva, sazone con sal y pimienta, pase a un platón. Mantenga caliente.

En la misma sartén, caliente el resto de aceite (una cucharada). Fría el huevo hasta que la clara esté completamente blanca pero la yema no se seque, aproximadamente 2 minutos. Está bien que se forme una ligera orilla dorada alrededor de la clara que le ayudará a dar textura.

Para servir, corte el huevo en pedazos pequeños e integre a las habas verdes; la yema se mezclará con la salsa. Sirva espolvoreando con el cebollín.

Nota: El prosciutto italiano es similar al jamón serrano español. Los dos son hechos salando la pierna de puerco y colgándola a la intemperie para curarla. Tradicionalmente el jamón serrano se corta más grueso que el prosciutto; su sabor es parecido, aunque más natural. Estos productos se consiguen en tiendas especializadas o delicatessen.

RINDE 4 PORCIONES

4 cucharadas (60 ml/2 fl oz) de aceite de oliva extra virgen

1 cebolla amarilla o blanca o 3 echalotas finamente picadas

2 dientes de ajo picados

90 g (3 oz) de jamón serrano (ver nota) o prosciutto, cortado en tiras delgadas

500-750 g (1–1½ lb) de habas verdes tiernas, peladas *(ver explicación izquierda)*

½ taza (125 ml/4 fl oz) de jerez seco

½ taza (125 ml/4 fl oz) de caldo de pollo, de verduras o de lata bajo en sodio

1 cucharada de perejil (italiano) picado

Sal y pimienta recién molida

1 huevo

1 cucharada de cebollín picado

PAPAS DE CAMBRAY CON CHÍCHAROS

1 kg (2 lb) de papas de monte o cambray de tamaño uniforme

Sal y pimienta recién molida

Una pizca de azúcar

2 tazas (315 g/10 oz) de chícharos suaves (English peas)

2 cucharadas de mantequilla sin sal

2 cucharadas de aceite de oliva extra virgen

5 a 6 cebollas de cambray finamente picado incluyendo sus tallos

Coloque las papas en una cacerola grande a cubrir con agua 5 cm (2 in) por encima. Añada pizcas de sal y azúcar. (El azúcar ayuda a resaltar el sabor natural de las papas sin añadirle dulzor al resultado final del platillo). Deje hervir a fuego alto. Reduzca el fuego y cocine sin tapar de 15 a 20 minutos hasta que las papas estén suaves. Pruebe con un tenedor, el cual podrá picar fácilmente pero con algo de resistencia. (No sobre cueza o perderán su consistencia y se romperán).

Escurra. Puede dejar la cáscara. O, si desea pelarlas, enjuague con agua fría por unos minutos; ya frías, pele.

Mientras tanto, caliente agua en una cacerola a ¾ partes de su capacidad y hierva a fuego alto. Añada sal, azúcar y los chícharos; blanquee hasta que tomen un color verde brillante, aproximadamente 30 segundos. Escurra y enjuague bajo el chorro del agua fría para detener el cocimiento y fijar el color.

En una sartén gruesa, derrita la mantequilla junto con el aceite de oliva a fuego medio bajo. Agregue las cebollas de cambray y deje marchitar durante 3 minutos. Integre las papas y los chícharos y mezcle; caliente durante 5 minutos. Sazone con sal y pimienta y sirva de inmediato.

Variación: Si lo desea, sustituya los chícharos de esta receta por 2 tazas (300 g/9½ oz) de chícharos "sugar snap" ó 2 tazas (200 g/6½ oz) de chícharos nieve o chícharos chinos.

RINDE 4 PORCIONES

PAPAS CAMBRAY

Estas papas sólo se consiguen en las primeras cosechas de la primavera o a principios del verano. Su sabor terroso natural y delicioso no se compara con aquél de las que encontramos en los supermercados el resto del año. Estas papas son bajas en almidón, con piel muy delgada y carne suave y delicada. Las variedades más comunes son redondas, blancas o rojas (también llamadas creamers), papas dedo (fingerling) o cambray blancas (Yellow Finns). A diferencia de las papas maduras, las silvestres o papas cambray pueden conservarse únicamente por 2 ó 3 días antes de cocinar y comer.

CORAZONES DE ALCACHOFA EN SALSA DE PEREJIL AL LIMÓN

CORTADO DE ALCACHOFAS
Trabajando con una alcachofa a la vez, retire todas las hojas exteriores duras hasta llegar a las hojas verde pálido. Corte el tallo y, con la ayuda de un cuchillo de sierra, corte la punta. Si utiliza alcachofas pequeñas, ahueque el centro o parte velluda y amarga con la ayuda de un cuchillo mondador o una cucharita. Si se trata de alcachofas de tamaño mediano, corte en cuartos a lo largo y retire la parte central. Sumerja en un tazón con agua helada con jugo de limón para prevenir la decoloración mientras termina de cortar el resto de las alcachofas.

Si utiliza alcachofas enteras recorte todas las hojas exteriores duras y la pelusa *(vea la explicación a la izquierda)*. En una olla grande coloque agua a sus ¾ partes de capacidad y hierva. Escurra las alcachofas y añada al agua hirviendo junto con la mitad del limón y cueza parcialmente, durante 5 minutos. Escurra y reserve. (Si los corazones de alcachofa son congelados no es necesario cocerlos).

Si utiliza alcaparras saladas, sumerja en agua a cubrir por 5 minutos, escurra y seque. Si utiliza alcaparras en salmuera enjuague sobre el chorro del agua fría, escurra y seque. Coloque junto a las alcachofas y reserve.

En una sartén o freidora, caliente 2 cucharadas del aceite de oliva a fuego medio bajo. Saltee las cebollas a suavizar y dorar, de 5 a 6 minutos. Integre el ajo, perejil y alcachofas; cocine mezclando continuamente y añadiendo un poco más de aceite si lo requirieran hasta que se doren y aromaticen, aproximadamente 10 minutos. Sazone al gusto con sal y pimienta.

Añada dos cucharadas de aceite de oliva, 1 taza de caldo, las alcaparras, la ralladura de limón (si la utiliza), el jugo de limón y la albahaca. Suba a fuego alto y deje hervir. Baje a fuego medio y cueza destapado, hasta que estén tiernas y el líquido se haya espesado, durante 20 minutos. En caso de necesitar más líquido, añada más caldo.

Vierta a un platón de servicio. Sirva de inmediato caliente o a temperatura ambiente.

RINDE 4 PORCIONES

8 alcachofas pequeñas o medianas, cortadas *(ver explicación a la izquierda)* o de 15 a 20 corazones de alcachofas congeladas

½ limón

1 cucharada de alcaparras en salmuera (opcional)

4 a 5 cucharadas (60 a 75 ml/2–2½ fl oz) de aceite de oliva extra virgen

2 cebollas blancas o amarillas, finamente picadas

4 a 5 dientes de ajo finamente picados

3 cucharadas de perejil (italiano) picado

Sal y pimienta recién molida

1 a 2 tazas (250 a 500 ml/ 8-16 fl oz) de caldo de pollo o de verduras o de lata bajo en sodio

½ cucharadita de ralladura de limón (opcional)

1 limón, su jugo

Hojas de albahaca o menta amartajadas

EJOTES VERDES Y AMARILLOS CON MANTEQUILLA DE OLIVA A LA ECHALOTA

10 aceitunas Kalamata o al gusto, deshuesadas y picadas

1 echalota picada

1 diente de ajo picado

2 cucharadas de mantequilla sin sal a temperatura ambiente

5 a 6 hojas de albahaca fresca (opcional)

250 g (½ lb) de ejotes amarillos, cortados (ver nota)

250 g (½ lb) de ejotes verdes como "Haricots Verts", cortados

Sal y pimienta recién molida

En un procesador de alimentos, combine las aceitunas, echalota, ajo, mantequilla y albahaca si la utiliza, procese y mezcle bien. Reserve.

Cocine los ejotes separadamente, ya que los tiempos de cocción pueden variar. Coloque en una olla grande, agua con sal a sus ¾ partes de capacidad a hervir a fuego alto. Añada los ejotes amarillos a dejar tiernos, de 5 a 6 minutos o el tiempo que requieran dependiendo de su frescura y edad. Retire con la espumadera y escurra; pase a un tazón con agua helada a enfriar, mientras cuece los ejotes verdes.

Cocine los ejotes verdes en la misma olla y de la misma manera, pero disminuyendo el tiempo de cocción de 3 a 5 minutos. Cuando estén tiernos y crujientes, escurra y coloque en agua helada a enfriar.

En una sartén o una freidora, caliente 2 cucharadas de agua a temperatura media. Escurra los ejotes amarillos y verdes y agregue a la sartén a calentar. Añada la mantequilla de oliva y mezcle con los ejotes a cubrir pero que no se haya derretido. Pruebe y rectifique la sazón de sal y pimienta, agregando sal sólo si es necesario ya que las aceitunas son saladas. Vierta a un platón de servicio y sirva de inmediato.

Nota: Para cortar los ejotes, zafe el tallo del final de los ejotes y retire los hilos que se desprendan a lo largo. La cola se puede dejar intacta sin cortar.

Variación: Esta receta puede usarse como guarnición de salsa para pasta. Corte los ejotes al tamaño de un bocado (5 cm/2 in) antes de cocer, duplique la cantidad de mantequilla de oliva. Cueza 315 g (10 oz) de pasta corta, escurra y mezcle con los ejotes cubiertos con la mantequilla. Decore con albahaca fresca picada. La albahaca tailandesa es especialmente deliciosa y aromática.

RINDE 4 PORCIONES

VARIEDADES DE VAINAS DE EJOTES

A diferencia de las habas verdes, cuyas vainas se tiran, los ejotes verdes y amarillos se consumen completos tanto las semillas como sus vainas. Los "Haricots Verts" también llamados "filet beans" franceses, son delgados, de color verde oscuro y de sabor delicado y textura suave. El "Blue Lake" también es una buena opción. Los ejotes amarillos "Yellow Wax"son muy parecidos a los verdes, excepto por su color. Busque ejotes frescos y crujientes, que al romperlos truenen.

PLATO DE VEGETALES PRIMAVERA

Para preparar los nabos, pele y corte en juliana como de 7.5 cm (3 in) a lo largo y 3 mm (⅛ in) de grueso y ancho (página 10). Colóquelos en un tazón y sazone con una pizca de sal y pimienta molida, y agregue la echalota y el vinagre. Mezcle hasta integrar. Incorpore la crema sólo a cubrir ligeramente y refrigere hasta que esté lista para servir.

Para preparar los pea greens, coloque en un tazón y rocíe ligeramente con el vinagre al gusto.

Para preparar los rábanos, recorte el final de las raíces junto con las imperfecciones, dejando el follaje fresco.

Coloque la mantequilla en un tarro pequeño de barro y la sal de mar en otro.

Acomode una porción de cada verdura en platos individuales: algunos pea greens, una pila de rábanos y unas hojas de ensalada de nabos. Adorne con las cebollas de cambray, las aceitunas negras y sirva de inmediato con el pan y los tarros con mantequilla y sal para untar y rociar sobre los rábanos.

Notas: Los pea greens se encuentran en los mercados de agricultores pero si no se consiguen, el pápalo o la arúgula tierna (manojo) pueden sustituirlos. Los rábanos vienen en una gran variedad de tamaños, formas y sabores: largos y delgados; redondos y gordos; blancos, rojos, rosas o hasta negros. El rábano Daikon cortado en rebanadas gruesas, puede incluirse también en la selección de rábanos.

RINDE 4 PORCIONES

CREMA FRESCA

El sabor de la crema fresca (crème fraîche) es similar al de la crema agria pero más suave y sutil. Aunque existen marcas francesas y americanas, la crema fresca es fácil de hacer en casa: En una sartén pequeña mezcle 1 taza (250 ml/8 oz fl) de crema espesa no ultra pasteurizada con 1 cucharada de crema buttermilk (suero de leche). Coloque sobre fuego medio bajo y caliente a entibiar. No permita que hierva. Retire del fuego, cubra y deje reposar a temperatura ambiente hasta que espese, de 8 a 48 horas. Mientras más tiempo repose, se volverá más espesa y tendrá un sabor más penetrante. Enfríe de 3 a 4 horas antes de usar.

PARA LOS NABOS:

2 a 4 nabos tiernos y suaves

Sal y pimienta molida

1 ó 2 echalotas ó ¼ a ½ cebolla amarilla o blanca finamente picada

Vinagre de vino blanco u otro de buena calidad al gusto

4 a 6 cucharadas (60 a 90 ml/2-3 fl oz) de crema fresca *(vea explicación a la izquierda)*

PARA LOS PEA GREENS:

3 tazas (90 g/3 oz) de pea greens (brotes o zarcillos) recortados (vea notas)

Vinagre de vino blanco o de estragón al gusto

PARA LOS RABANOS:

24 a 32 rábanos tiernos y pequeños (vea notas)

½ taza (125 g/4oz) de mantequilla

Sal de mar al gusto

8 cebollas de cambray pequeñas con todo y rabo, picadas

20 aceitunas negras como las Nicoise

Rebanadas de pan campestre o ácido

VERANO

El mercado de agricultores en el verano es una fiesta a la vista. Maduros jitomates rojos, dorados y púrpura atraen a los compradores hacia un puesto, mientras que las brillantes calabacitas en tonos amarillos y verdes los atraen hacia otro. Estos ingredientes, junto con una generosa cantidad de pimientos y berenjenas pueden ser utilizados en preparaciones rápidas que dejan tiempo para disfrutar los largos días del verano.

ELOTE ASADO CON MANTEQUILLA
DE CHILE Y LIMÓN

En un tazón, usando una cuchara de madera, mezcle la mantequilla y el ajo hasta integrar por completo. Agregue el chile en polvo, páprika, comino y cilantro a integrar. Rectifique la sazón con sal y pimienta; exprima el jugo de limón y vuelva a mezclar. Cubra y refrigere por lo menos 30 minutos para unir los sabores; deje reposar a temperatura ambiente 30 minutos antes de servir. Si el jugo de limón se separa al dejarlo reposar, mueva nuevamente.

Prepare el fuego en una parrilla de carbón o de gas. Mientras tanto, mezcle el aceite de oliva en un tazón pequeño, usando un tenedor, con 1 cucharada de la mantequilla de chile y limón hasta integrar por completo. Unte o barnice ligeramente sobre el maíz.

Dore las mazorcas, dando vuelta según se requiera, a cocer en forma uniforme y ligeramente quemado en algunos lugares y dorado en otros pero no demasiado quemado, de 5 a 6 minutos. El sabor de los granos de maíz debe ser dulce y su consistencia tierna, pero también debe tener un ligero sabor a quemado.

Pase a un platón y sirva de inmediato con la mantequilla de chile y limón sobrante y acompañe con sal y pimienta.

Nota: la mantequilla de chile y limón es también deliciosa en camotes o batatas asadas o doradas al fuego. O, si lo desea, unte sobre un pan de ajo y caliente sobre carbón.

Para servir: Si es su única guarnición, si son pequeñas o los comensales gustan mucho de las mazorcas tiernas de maíz, sirva 2 mazorcas por persona.

RINDE 4 A 6 PORCIONES

SELECCIONANDO EL MAÍZ
Cuando seleccione mazorcas tiernas de maíz, escoja las que tengan dientes amarillos suaves y cuya cáscara sea verde uniforme, sin manchas de color café. Los granos deben estar apretados sin espacios secos entre ellos, rectos, húmedos y espaciados de forma pareja. Cuando es fresco del jardín y muy dulce, se puede comer crudo. Pero la mayor parte del maíz tiene que ser cocinado ligeramente y apenas se haya cosechado para obtener su mejor sabor. Puede ser cocido al vapor o hervido, pero es particularmente sabroso cuando se cocina en la parrilla.

PARA LA MANTEQUILLA DE CHILE Y LIMÓN:

½ **taza (125 g/4 oz) de mantequilla sin sal a temperatura ambiente**

3 dientes de ajo finamente picados

½ a 1 **cucharadita de polvo de chile suave, de preferencia de Nuevo México, o al gusto**

Páprika al gusto

Comino molido al gusto

2 a 3 cucharadas de cilantro fresco picado

Sal y pimienta recién molida

Jugo de ¼–½ **limón**

1 cucharada de aceite de oliva

4 a 8 mazorcas de maíz, sin cáscara

Sal y pimienta recién molida

ENSALADA DE JITOMATE HEIRLOOM

6 a 8 jitomates heirloom, muy maduros en varios tamaños, formas y colores

¼ a ½ cucharadita de azúcar

Sal

2 cebollas de cambray, ¼ de cebolla roja o 1 echalota picada

2 dientes de ajo, finamente picados (opcional)

2 cucharaditas de orégano fresco finamente picado, o al gusto

Vinagre balsámico

Vinagre de jerez o de vino blanco

3 a 5 cucharadas (45 a 75 ml/1½–2½ fl oz) de aceite de oliva extra virgen

Pan campestre para servir

Rebane los jitomates reuniendo sus jugos en un tazón. Coloque en un platón rociándolos con azúcar y sal al gusto, cebollas de cambray, ajo (si lo usa), orégano y los jugos reunidos al ir acomodando.

Termine rociando vinagre balsámico y vinagre de jerez al gusto sobre cada uno y después bañe con aceite de oliva al gusto. Deje reposar hasta que esté listo para servir, o hasta por 2 horas.

Sirva acompañando con el pan para absorber los jugos.

Variación: Otras hierbas finas de verano se pueden usar en lugar del orégano: 1 cucharadita de tomillo fresco o romero picado, 1 cucharada de perejil fresco, ó de 2 a 3 cucharadas de albahaca fresca picada.

RINDE 4 PORCIONES

FRUTAS Y VEGETALES HEIRLOOM

Las variedades heirloom son frutas y vegetales que fueron cultivados en una época pero que dejaron de tener el favor de los grandes productores porque no se almacenaban o enviaban adecuadamente. Sin embargo, muchos de ellos tienen un sabor superior por lo que las mejores variedades se han vuelto a introducir a pequeña escala en los mercados y tiendas de abarrotes que manejan vegetales. Los jitomates heirloom, disponibles en una gran variedad de tamaños, sabores y colores —amarillos, naranjas, rayados— son una de las glorias del verano. Los vendedores de los mercados de agricultores a menudo ofrecen una pequeña porción de cada tipo como prueba antes de que usted haga su elección final.

ESCALIVADA

Precaliente el horno a 200° C (400° F). Corte la berenjena redonda en 8 piezas iguales o cada una de las berenjenas asiáticas en 4 partes iguales. Parta los pimientos en cuartos a lo largo y retire las semillas. Mezcle las berenjenas y los pimientos en una sartén para asar. Separe las cabezas de ajo en dientes. Reserve 2 dientes de ajo y agregue los otros, sin pelar, a la sartén con los vegetales. Quite el tallo a las calabacitas y parta cada una en 2 ó 3 piezas. Corte los tallos y la parte superior de las hojas y cualquier tronco dañado del hinojo y pártalo en cuarterones a lo largo. Agregue las calabacitas, hinojo, cebollas y jitomates a la sartén. Espolvoree con azúcar y sazone con sal y pimienta. Rocíe con el aceite de oliva y vinagre. Combine bien todos los ingredientes.

Ase los vegetales, volteándolos una o dos veces para que se doren parejo, a suavizar, aproximadamente 40 minutos. Evite voltearlos demasiadas veces pues perderían forma y características.

Cuando estén tiernos, retírelos del horno y páselos a un tazón. Pele y pique finamente los dientes de ajo y distribuya sobre los vegetales junto con el perejil y el romero. (Para evitar romper los vegetales, no mueva la mezcla en este momento.) Sirva caliente o a temperatura ambiente, asegurándose que las porciones incluyan algo de cada vegetal. Cada comensal podrá exprimir los dientes de ajo enteros y untarlos en piezas de pan.

RINDE 4 PORCIONES

1 berenjena redonda
(aubergine) sin tallo ó
2 berenjenas asiáticas
(delgadas), sin tallo

3 pimientos (capsicums)
1 rojo, 1 amarillo y 1 verde

2 cabezas de ajo

4 calabacitas (courgettes)
ó 2 calabacitas y
2 calabazas "crookneck"
amarillas

1 bulbo de hinojo

2 cebollas moradas,
partidas en cuarterones
a través del tallo

3 a 4 jitomates partidos
a la mitad a lo ancho

Azúcar para espolvorear

Sal y pimienta recién
molida

¼ taza (60 ml/2 fl oz) de
aceite de oliva extra virgen

Vinagre de jerez o de vino
blanco o tinto al gusto

2 cucharadas de perejil
italiano picado

1 cucharadita de romero
fresco picado

Pan campestre para
acompañar

CALABACITAS CON PIMIENTOS ROJOS ROSTIZADOSY CEBOLLÍN

2 pimientos rojos
(capsicums)

2 dientes de ajo picados
(opcional)

3 a 4 cucharadas de
cebollín fresco picado

5 a 8 hojas de albahaca
fresca, finamente rebanada

2 cucharadas de aceite de
oliva extra virgen

Vinagre balsámico

Sal y pimienta recién
molida

Una pizca de azúcar
(si hierve las calabacitas)

4 calabacitas jóvenes,
tiernas (courgettes),
aproximadamente 500 g
(1 lb) cortadas en cuadros
del tamaño de un bocado

Precaliente el asador (parrilla). Ponga los pimientos en una charola para hornear y ase (rostice), volteando según sea necesario, hasta que se levanten ampollas y se doren por todos lados, de 10 a 15 minutos. O si lo desea, usando pinzas o un tenedor grande, tome los pimientos uno, a la vez, sobre la flama del quemador de la estufa y voltee conforme se necesite hasta que estén dorados y con ampollas en forma uniforme. Pase los pimientos quemados a una bolsa de plástico y cierre, o si prefiere a un tazón cubierto. Déjelos enfriar. Retire los pimientos y quite la piel quemada. Rebane a lo largo y retire y deseche los tallos y las semillas.

Pique finamente los pimientos y póngalos en un tazón de servicio. Añada el ajo, si lo usa, el cebollín y albahaca al gusto y el aceite de oliva. Rectifique la sazón y agregue vinagre, sal y pimienta al gusto. Reserve.

Llene una olla con ¾ partes de agua y hierva. Agregue pizcas de sal y azúcar y las calabacitas y hierva rápido hasta que estén tiernas y crujientes, como 5 minutos. Escurra bien. Si lo prefiere, hierva agua en una vaporera, coloque las calabacitas en una rejilla para cocinar al vapor sobre el agua, cubra y cueza al vapor hasta que estén tiernas y crujientes, de 3 a 4 minutos. Retire de la parrilla.

Agregue las calabacitas a la mezcla de pimientos y mezcle bien. Sirva de inmediato.

RINDE 4 PORCIONES

VINAGRE BALSÁMICO

El verdadero vinagre balsámico, elaborado con las uvas blancas Trebbiano en la región italiana de Emilia-Romagna, es añejado en una serie de barriles elaborados de diferentes maderas por lo menos durante 12 años y muchas veces durante más tiempo. Sólo entonces puede llamarse "aceto balsámico tradizionale". Debido a su profundo sabor, el vinagre balsámico verdadero se usa con moderación como condimento en platillos terminados, como en esta receta. Los vinagres balsámicos menos añejados o los balsámicos de alta calidad de los supermercados están más ampliamente disponibles y son adecuados para cocinar.

BERENJENAS SALTEADAS

Coloque la berenjena en un tazón grande y bajo y espolvoree con la pimienta de cayena y la pimienta negra al gusto. Si no está ya salada, sazone al gusto. Mezcle para cubrir bien.

Caliente una sartén gruesa y grande a fuego medio. Cuando empiece a humear, agregue de 3 a 4 cucharadas de aceite de oliva. Después añada la berenjena y dore, moviendo solo una o dos veces y agregando más aceite de oliva, como sea necesario, para evitar que se queme. Si mueve demasiado hará que la berenjena se vuelva muy blanda. Cuando esté casi tierna y bien dorada, después de 15 minutos, agregue las echalotas, ajo y perejil. Mezcle todo y cocine hasta que las echalotas estén suaves, solo unos minutos.

Pruebe y ajuste la sazón. Sirva caliente o a temperatura ambiente.

Para servir: Utilice como guarnición de cordero asado. Los cubos de berenjena salteada, crujientes y dorados por fuera y sin embargo tiernos en su interior, también pueden transformar un plato de spaghetti sencillo con salsa de jitomate en un manjar siciliano, llamado pasta a la Norma. Simplemente distribuya los cubos alrededor de la orilla del platón y sirva.

Variación: Para un sabor del Medio este o de Marruecos, espolvoree con ½ cucharadita de comino molido sobre la berenjena dorada al final de su cocimiento. Justo antes de servir, integre ¼ de taza (10 g/⅓ oz) de cilantro fresco picado.

RINDE 4 PORCIONES

VARIEDADES DE BERENJENAS

La berenjena de globo con la que están más familiarizados los cocineros, es normalmente grande, en forma de huevo o pera, con piel delgada, brillante de color púrpura oscuro. Actualmente se pueden encontrar muchas otras variedades. La berenjena angosta de Asia tiene una piel color lavanda o púrpura oscura y es más pequeña que la de globo. Otros tipos pueden ser aún más pequeños y tienen piel jaspeada de color blanco, rosa o verde. El color de la piel no altera el sabor.

500 g (1 lb) de berenjenas (aubergine), cortadas en cubos de 2 cm (¾-in), saladas y escurridas si son grandes (página 108)

Pizca de pimienta de cayena

Sal y pimienta recién molida

4 a 5 cucharadas (60 a 75 ml/2–2½ fl oz) de aceite de oliva extra virgen o según se necesite

4 echalotas ó 1 cebolla amarilla, finamente picada

3 a 4 dientes de ajo, picados

3 cucharadas de perejil fresco italiano picado

PIMIENTO HORNEADO CON JITOMATES

6 pimientos (capsicums) *(vea explicación a la derecha)*, **sin semillas y cortados en tiras o piezas de tamaño de un bocado**

375 g (12 oz) de jitomates cereza, sin tallo

4 a 5 dientes de ajo, picado grueso

¼ taza (60 ml/2 fl oz) de aceite de oliva extra virgen

2 cucharadas de vinagre de vino tinto ó 2 cucharaditas de vinagre balsámico y 2 cucharaditas de vino tinto

2 cucharaditas de orégano, mejorana o tomillo fresco finamente picado

1 cucharadita de azúcar o al gusto

Sal y pimienta recién molida

2 cucharadas de hojas de albahaca fresca, cortadas o finamente desmenuzadass

Precaliente el horno a 200ºC (400ºF). En un tazón grande, mezcle los pimientos, jitomates, mitad del ajo, el aceite de oliva, la mitad del vinagre, el orégano, azúcar, sal y pimienta al gusto. Integre bien y coloque en una sola capa sobre una charola para hornear grande.

Ase las verduras como por 20 minutos. Retire del horno, voltee para que se doren en forma uniforme y regréselas al horno. Continúe asando hasta que los pimientos estén ligeramente quemados en las orillas y los jitomates estén suaves y tiernos y hayan empezado a formar una salsa, aproximadamente 10 minutos más.

Retire del horno y espolvoree con el ajo sobrante al gusto y el vinagre restante. Deje enfriar a temperatura ambiente. Adorne con la albahaca justo antes de servirlos.

Para servir: Este platillo viene de Apulia, en el Sureste de Italia y es delicioso tanto a temperatura ambiente como caliente. Sirva como guarnición con carnes asadas o salchichas doradas, mezcle con pasta o colóquelo dentro de un emparedado crujiente. También es un buen aperitivo acompañando con un poco de queso cremoso de cabra.

RINDE 4 PORCIONES CON CANTIDAD SOBRANTE

VARIEDADES DE PIMIENTO

Los pimientos vienen en una variedad de colores. Pueden usarse en cualquier combinación, mientras que se incluyan algunos rojos en la mezcla. Los pimientos rojos son simplemente los que están en la etapa madura de los pimientos verdes, habiendo crecido considerablemente más dulces con el tiempo extra que estuvieron expuestos al sol. Los dulces pimientos amarillos y naranja pasan también por una etapa verde, mientras que los pimientos púrpura son agrios como sus primos verdes.

CALABAZAS DE VERANO CON SABORES DEL SUROESTE

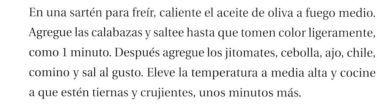

En una sartén para freír, caliente el aceite de oliva a fuego medio. Agregue las calabazas y saltee hasta que tomen color ligeramente, como 1 minuto. Después agregue los jitomates, cebolla, ajo, chile, comino y sal al gusto. Eleve la temperatura a media alta y cocine a que estén tiernas y crujientes, unos minutos más.

Retire del fuego e incorpore el jugo de limón, moviendo. Pruebe y ajuste la sazón. Pase a un platón, espolvoree con el cilantro y sirva de inmediato.

RINDE 4 PORCIONES

CALABAZAS DE VERANO

Las calabazas que crecen durante el verano tienen una piel delgada y son tiernas, se cocinan rápidamente y son sumamente versátiles. Pruébelas salteadas, fritas, hervidas, cocidas al vapor o asadas. Cualquier calabaza de verano o una combinación de ellas puede usarse en esta receta: calabacitas verdes o doradas, "Straightneck" o "Crookneck", amarillas, "Sunburst" amarillas, "Pattypan" color verde limón o la rayada "Cocozelle". Busque calabacitas pequeñas o medianas, pues las grandes pueden ser amargas y blandas.

2 cucharadas de aceite de oliva extra virgen

4 calabazas de verano pequeñas o medianas, recortadas y cortadas en rebanadas de aproximadamente 3mm (1/8 in) de espesor

2 jitomates maduros medianos o grandes, pelados (página 108) o sin pelar, picados

1 cebolla morada picada

2 dientes de ajo picados

1/4 chile verde fresco, picado o al gusto

1/4 cucharadita de comino molido o al gusto

Sal de mar

Jugo de 1/2 limón (1 cucharada) o al gusto

1 cucharada de cilantro fresco picado

OTOÑO

En el Otoño, conforme los días se vuelven más cortos y el frío comienza a sentirse, podemos encontrar los anaqueles llenos de vegetales que se sembraron bajo el sol caliente del verano. Los cocineros llevan a casa coliflores de cabezas blancas como la nieve, bulbos de hinojo con sus tallos imitando plumas, y calabazas de cáscara dura en un surtido de exóticos colores, formas y tamaños. Las siguientes recetas presentan lo mejor del surtido maravilloso de esta temporada.

HINOJO Y JITOMATES DORADOS EN SARTÉN

Corte los tallos superiores y cualquier tallo externo dañado de los bulbos de hinojo. Rebane a lo largo de 6 a 12 mm (¼–½ in) de grosor y colóquelos en un tazón. Espolvoree el hinojo con sal y bañe con la mitad del aceite de oliva. Reserve.

Espolvoree las partes cortadas de los jitomates con el azúcar, sal al gusto y el resto del aceite de oliva.

Coloque una sartén para dorar a calor alto hasta que esté bien caliente. Trabajando en tandas (o usando 2 cacerolas para dorar), coloque los jitomates poniendo su parte redonda hacia abajo y acomodando las rebanadas de hinojo a un lado. (La sartén para dorar puede y debe estar muy caliente, por lo tanto prenda el extractor de su cocina o abra una ventana para eliminar el humo. Si las verduras están en peligro de quemarse, reduzca el calor a medio alto). Cuando los jitomates y el hinojo se hayan dorado del primer lado, después de aproximadamente 1 a 2 minutos, voltee para dorarlos ligeramente por el segundo lado. Continúe cocinando, moviendo las verduras a las partes más frías de la sartén y volteándolas a menudo hasta que el hinojo esté ligeramente traslúcido y algo suave y los jitomates estén totalmente calientes y un poco cocinados alrededor de las orillas pero aún firmes. El tiempo total de cocción debe ser de 5 a 6 minutos.

Pase el hinojo y los jitomates a un platón. Espolvoree con el ajo, jugo de limón y albahaca. Sirva de inmediato o deje enfriar para servir a temperatura ambiente.

Para servir: Haga el doble y sirva lo que sobre como botana o corte el hinojo cocido y jitomates en cuadros pequeños y mezcle con spaghetti delgado y un puñado de aceitunas.

RINDE 4 PORCIONES

2 bulbos de hinojo, aproximadamente 315 g (10 oz) cada uno

Sal

1 cucharada de aceite de oliva extra virgen o al gusto

4 jitomates partidos transversalmente

Una pizca de azúcar

1 diente de ajo, finamente picado

1 cucharadita de limón fresco, o al gusto

10 hojas grandes de albahaca fresca finamente desmenuzadas o rasgadas (2 a 3 cucharadas)

PURÉ DE RAÍZ DE APIO
CON ACEITE DE TRUFA

3 cucharadas de mantequilla sin sal

3 echalotas picadas

2 dientes de ajo picados

1 a 2 raíces de apio (celeriacs), aproximadamente 500 g (1 lb) peladas y picadas en cuadros *(vea explicación a la derecha)*

1 taza (250 ml/8 fl oz) de caldo de pollo o verduras, como se requiera

½ taza (125 ml/4 fl oz) de crema espesa o crema fresca (crème fraîche) (página 38)

Una pizca de nuez moscada recién rallada

Sal y pimienta recién molida

1 cucharadita de aceite de trufa, de preferencia negra o al gusto (vea nota)

En una sartén gruesa y grande para cocinar derrita 2 cucharadas de mantequilla sobre calor medio. Agregue las echalotas y ajo y saltee ligeramente a suavizar, de 1 a 2 minutos. Agregue la raíz de apio y saltee hasta que esté suave y se cubra con mantequilla, de 5 a 7 minutos.

Vierta suficiente caldo para cubrir la raíz y cocine sin tapar sobre calor medio hasta que esté tierna, como 15 minutos. El caldo debe evaporarse completamente. Si amenaza con quemarse, agregue un poco más de caldo; si parece demasiado blanda al final, eleve el calor a calor alto durante un minuto o dos, o lo suficiente para evaporar casi todo el líquido, dejando solo unas cuantas cucharadas.

Retire del fuego y deje enfriar ligeramente, después pase a un procesador de alimentos y haga un puré uniforme, agregando crema si se necesita. Añada el resto de la crema y mezcle hasta integrar. Vierta el puré de vuelta a la sartén sobre calor medio bajo y sazone con la nuez moscada y sal y pimienta al gusto. Caliente por completo e incorpore la cucharada restante de mantequilla.

Retire del calor y vierta el aceite de trufa. Sirva de inmediato.

Nota: El aceite de trufa se obtiene agregando láminas de trufa al aceite de oliva, infundiendo así el aceite con la esencia de la trufa. El aceite de trufa blanca generalmente proviene del Norte de Italia, mientras que el de trufa negra es francés. Se puede encontrar en muchas tiendas de abarrotes para gourmets.

Variación: Transforme el puré en una sopa agregándole 4 tazas de caldo (1 l/ 32 fl oz) y 2 tazas de crema (500 ml/ 16 fl oz).

RINDE 4 PORCIONES

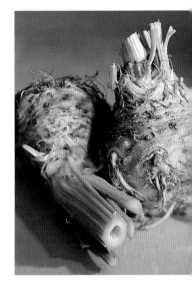

RECORTANDO
LA RAIZ DE APIO

La raíz de apio también conocida como "celeriac" es la parte burda y llena de bulbos del apio (aunque no es la misma que la que produce el apio conocido generalmente). La carne de la raíz tiene una consistencia parecida a la de la papa y un sabor fuerte a apio y se come cruda o cocida. Para prepararla pele y retire la piel burda con un cuchillo mondador. Las raíces más jóvenes muchas veces tienen una piel más delgada y se puede utilizar un pelador de verduras. Una vez que se pele y se corte la raíz, cocínela de inmediato o agréguele jugo de limón para prevenir que se decolore.

ECHALOTAS EN SALSA DE VINO TINTO

PELANDO LAS ECHALOTAS
Usted necesitará pelar una gran cantidad de echalotas para este platillo, lo que requiere mucho tiempo. Aquí presentamos una forma fácil y eficiente que también funciona para las pequeñas cebollas: Recorte los tallos y ponga a hervir una olla grande con tres cuartas partes de agua. Agregue las echalotas y blanquee por 2 minutos. Escurra, póngalas en agua fría y déjelas en el agua por 5 minutos. Escurra una vez más. La piel debe poder retirarse con facilidad cuando se apriete suavemente la echalota. Tal vez usted necesite de un cuchillo mondador para retirar por completo la piel.

En una sartén pequeña para saltear derrita la mitad de la mantequilla sobre calor bajo. Cuando espume agregue las echalotas y saltee hasta que estén ligeramente suaves y cubiertas en forma uniforme con la mantequilla, de 6 a 8 minutos.

Añada 2 tazas (500 ml/16 fl oz) del vino, el caldo, el vinagre, azúcar y el estragón (si lo usa), eleve la temperatura a alta y hierva. Reduzca la temperatura a media y deje hervir sin cubrir, moviendo ocasionalmente, hasta que las echalotas estén cocinadas por completo y casi translúcidas, de 10 a 15 minutos. El líquido deberá estar espeso y en forma de miel. Si se cocina demasiado y se vuelve demasiado oscuro, estará amargo, así que ajuste la temperatura si parece que se está reduciendo demasiado rápido. Agregue la ½ taza restante del vino y continúe hirviendo a fuego lento durante unos minutos más hasta que se vuelva una salsa concentrada; debe haber de ½ a ¾ de taza (125 a 180 ml/4-6 fl oz) de líquido.

Retire la sartén del calor y agregue la mitad restante de la mantequilla, agitando rápidamente con un tenedor o batidor pequeño para incorporar la mantequilla y darle a la salsa un brillo agradable. Salpimiente al gusto y sirva de inmediato.

Para servir: Este platillo sencillo es una excelente guarnición para el filete o salmón asado.

Variación: Puede usar cebollas pequeñas como las cebollas perlas o cebollas de cambray, de preferencia rojas, en lugar de las echalotas.

RINDE 4 PORCIONES

3 cucharadas de mantequilla sin sal

500 g (1 lb) de echalotas, recortadas y peladas

2½ tazas (625 ml/20 fl oz) de vino tinto seco

1 taza (250 ml/8 fl oz) de caldo de verduras o pollo o caldo enlatado bajo en sodio

¼ taza (60 ml/2 fl oz) de vinagre balsámico

½ cucharadita de azúcar

1 cucharadita de estragón fresco picado al gusto, (opcional)

Sal y pimienta recién molida

RAGOUT OTOÑAL DE HONGOS

1 kg (2 lb) de hongos
frescos combinados como
"Chanterelle", "Oyster",
"Black Trumpet",
"Shiitake", "Cremini"
y "White Button"

2 cucharadas de
mantequilla sin sal

1 cebolla morada,
finamente picada

Sal y pimienta recién
molida

½ taza (125 ml/4 fl oz)
de vino blanco seco

1 taza (250 ml/8 fl oz) de
caldo de verduras o pollo
o consomé enlatado bajo
en sodio

15 g (½ oz) de hongos
secos "porcino" (cepes),
cortados en piezas
pequeñas

½ taza (125 ml/4 fl oz)
de crema espesa, o la que
se requiera

Nuez moscada recién
rallada al gusto

1 cucharada de cebollín
fresco o perifollo

Cepille y limpie los hongos (vea explicación a la derecha) y córtelos conforme se necesite para que estén aproximadamente del mismo tamaño. En una sartén para freír grande, derrita a calor medio la mantequilla. Agregue la cebolla y saltee hasta que estén suaves, como 3 minutos. Añada los hongos, eleve la temperatura a media alta y saltee a dorar ligeramente en algunos lugares, de 3 a 5 minutos.

Sazone al gusto con sal y pimienta y agregue el vino. Eleve la temperatura a nivel alto y cocine hasta que el vino casi se evapore, aproximadamente 3 minutos. Agregue el caldo y los hongos secos, reduzca a calor medio y cocine hasta que los hongos frescos estén tiernos y los hongos secos se hayan rehidratado, aproximadamente 10 minutos más.

Incorpore la ½ taza de crema y la nuez moscada, rectifique la sazón. Añada más crema conforme se requiera para hacer una salsa ligera pero cremosa. Pase a un platón caliente, adorne con el cebollín y sirva de inmediato.

Nota: vea la página 26 donde encontrará información acerca de las variedades de hongos.

RINDE 4 PORCIONES

LIMPIANDO HONGOS

Para limpiar hongos cepíllelos con un cepillo suave o una toalla de cocina húmeda. Es mejor que sumergirlos en agua, puesto que son porosos y absorben el líquido como una esponja, lo cual afectará la consistencia y el sabor de cualquier platillo. No cepille los hongos demasiado fuerte pues si lo hace quitará la delgada piel exterior que cubre los botones. Lo único que desea es aflojar cualquier tierra o arena. Para acelerar el proceso de limpieza, enjuague el cepillo con agua fría después de limpiar cada hongo.

COLES DE BRUSELAS
CON AVELLANAS TOSTADAS

Corte o retire las hojas exteriores secas de las coles. Recorte cualquier hoja café y rebane la parte final del tallo. Corte una pequeña X como de 3 mm (1/8 in) en forma profunda en cada tallo.

Hierva una olla con tres cuartas partes de agua. Agregue sal y azúcar; agregue las coles y hierva hasta que estén de color verde claro y tiernas, como 5 minutos. Escurra, enjuague bajo el chorro de agua fría y deje escurrir una vez más.

En una sartén para freír gruesa y seca ase las avellanas a calor medio, moviéndolas para que tomen un color uniforme, hasta que sus cáscaras se quemen en ciertos lugares y empecen a abrirse y a separarse en hojuelas, como 10 minutos. Colóquelas en una toalla de cocina limpia y enrolle. Frote las avellanas entre ellas dentro de la toalla y retire las cáscaras. No se preocupe si quedan algunos pedazos de cáscara. Pase a una tabla de picar y píquelas toscamente; usted quiere una mezcla de avellanas de diferentes tamaños, unas partidas a la mitad otras en piezas más pequeñas.

Regrese a la sartén a calor medio bajo y tuéstelas ligeramente de 30 segundos a 1 minuto más. Agregue la mantequilla y déjela derretir. Sazone con sal y pimienta y agregue las coles, moviendo para cubrirlas con la mantequilla y las avellanas a calentarlas completamente, como 5 minutos. Rocíe con el jugo de limón y sirva caliente o a temperatura ambiente.

RINDE 4 PORCIONES

VARIACIÓN CON CASTAÑAS

Cambie las avellanas por 375 g (3/4 lb) de castañas, 1/2 taza (125 ml/4 fl oz) de leche y 2 echalotas, picadas. Corte una X en un lado de cada castaña, deposítelas en agua hirviendo y hierva 7 minutos. Escurra, retire las cáscaras duras y la piel interior color crema. Regrese a la sartén con la leche y agregue agua a cubrir. Hierva a fuego lento hasta que estén tiernas, como 15 minutos. Escurra. Saltee las echalotas en la mantequilla a suavizar, aproximadamente 3 minutos. Agregue las castañas y las coles y continúe según las instrucciones.

1 kg (2 lb) de coles de Bruselas

Sal y pimienta recién molida

Una pizca de azúcar

taza (75 g/2 1/2 oz) de avellanas con cáscara

1/2 taza (125 g/4 oz) de mantequilla sin sal

Algunas gotas de jugo de limón

CALABAZA HORNEADA

1 calabaza de invierno de color naranja, como la "Butternut" o calabaza para hornear *(vea explicación a la derecha)* aproximadamente 1.25 kg (2½ lb)

3 ó 4 dientes de ajo picados grueso

2 cucharadas de aceite de oliva extra virgen

1 cucharadita de vinagre balsámico o al gusto

½ cucharadita de azúcar

¼ cucharadita de chile en polvo puro pero suave, de preferencia de Nuevo México, o polvo de chile mezclado

¼ cucharadita de tomillo seco, desmenuzado ó 1 cucharadita de tomillo fresco picado

Sal y pimienta recién molida

Precaliente el horno a 180ºC (350ºF). Usando un cuchillo grande y afilado, corte la calabaza a la mitad a lo largo a través de su tallo. Si la piel es demasiado dura use un mazo de cocina para pegarle al cuchillo una vez que esté bien fijo en las cuñas de la calabaza. Retire las semillas y las fibras y deseche. Corte cada calabaza a la mitad a lo largo una vez más cortando en las cuñas.

Coloque los cuartos de calabaza con la parte que cortó hacia arriba en una charola para horno suficientemente grande para acomodar las piezas sin que se toquen. En un tazón pequeño mezcle el ajo, aceite, vinagre, azúcar, polvo de chile y tomillo. Barnice la calabaza con la mezcla y sazone al gusto con sal y pimienta. Cubra la charola firmemente con papel aluminio.

Hornee a que esté tierna cuando se pique, pero no demasiado blanda, de 30 a 40 minutos. Destape, eleve la temperatura a 200ºC (400ºF) y regrese al horno. Continúe rociándola hasta que la calabaza esté ligeramente caramelizada, dorada en ciertos puntos y bastante suave cuando se pique con un tenedor, de 10 a 15 minutos más.

Pase los cuartos de calabaza a platos individuales y sirva de inmediato.

Variación: En vez de polvo de chile, o además de, rocíe comino pues da un sabor del Medio Este a este platillo.

Para servir: Acompañe como una guarnición caliente al pollo o pavo rostizado, o como botana a temperatura ambiente. Con los sobrantes se puede hacer puré y utilizarse como relleno de ravioles o canelones.

RINDE 4 PORCIONES

CALABAZAS DE INVIERNO

Las calabazas de invierno tienen una piel dura, carne espesa, sabor fuerte y consistencia densa, así como una gran duración. Vienen en muchas formas, colores y tamaños. Dentro de las variedades más conocidas, con carne color naranja, está la calabaza "Butternut", color crema; la "Kabocha" con piel verde oscura con líneas verde limón; la "Acorn", de piel acanalada y de color verde oscuro; y la "Hubbard" con piel irregular verde grisáceo o verde oscuro. Cualquiera de estas variedades es adecuada para esta receta. O, si lo desea, use una calabaza pequeña para cocinar como la "Sugar Pie" que tiene una consistencia agradable y un sabor a calabaza dulce.

COLIFLOR CON MIGAS DE PAN AL AJO

MIGAS DE PAN FRESCO
Usted puede comprar pan molido, pero también las puede hacer fácilmente utilizando pan de días anteriores. Use una baguette o pan estilo campestre. Recorte las cubiertas y corte en rebanadas grandes. Ponga en un procesador de alimentos y mezcle hasta que obtenga las migas del tamaño deseado. O, si lo desea, prepare las migajas a mano, usando la costra para detener y desmenuce el pan en los hoyos grandes de una caja para rallar o desmenuzar. Deseche la costra.

Llene una olla grande con tres cuartas partes de agua y hierva. Agregue una pizca de sal, azúcar y la coliflor y hierva hasta que esté suave, como 5 minutos. No cocine de más. Escurra y enjuague bajo el chorro de agua fría y deje escurrir. Si lo prefiere, hierva agua en una vaporera, colocando las piezas de coliflor sobre la rejilla sobre el agua. Tape y cocine al vapor hasta que estén tiernas y crujientes, también como 5 minutos. Retire de la rejilla, enjuague bajo agua fría y deje escurrir.

En una sartén para freír grande, caliente a fuego medio de 4 a 5 cucharadas (60 a 75 ml/2–2½ fl oz) de aceite. Cuando el aceite esté caliente, agregue las migas y mueva constantemente hasta que queden uniformemente tostadas, doradas y crujientes, como 5 minutos. Agregue el ajo, voltee las migas una o dos veces y retírelas de la sartén. No permita que el ajo se dore; solo debe cocinarse en forma suficiente para dar sabor a las migajas.

Caliente las 2 ó 3 cucharadas sobrantes de aceite en la misma sartén a fuego medio. Agregue la coliflor y machaque y corte un poco conforme se dora ligeramente en el aceite y suavice ligeramente, como 5 minutos. No permita que la coliflor se vuelva crujiente y oscura.

Agregue las migas crujientes de ajo a la sartén y mezcle con la coliflor a fuego medio bajo, aplastando algunos pedazos y permitiendo que otros mantengan su forma, como 5 minutos. Sazone al gusto con sal y pimienta y sirva caliente.

RINDE 4 PORCIONES

Sal y pimienta recién molida

Una pizca de azúcar (si hierve la coliflor)

1 coliflor de cabeza grande, aproximadamente de 1.5 kg (3 lb) cortada en piezas del tamaño de un bocado

6 a 8 cucharadas (90 a 125 ml/3-4 fl oz) de aceite de oliva extra virgen o aceite vegetal

2 tazas (125 g/4 oz) de migajas de pan fresco *(vea explicación a la izquierda)*

3 dientes de ajo, en rebanadas delgadas o picados

INVIERNO

Al llegar el invierno, las raíces y tubérculos (betabeles, nabos de Suecia, yucas, alcachofas de Jerusalén, camotes) y las leguminosas duras encuentran su camino hacia hornos y sartenes colocados sobre la estufa, llevando un dulzor de la tierra a la mesa. Estos alimentos de invierno son invariablemente rústicos y caseros, diseñados para calentar las cenas aún en el día más frío del invierno.

BETABELES CON QUESO DE CABRA Y ENELDO

Si las ramas verdes del betabel están pegadas, córtelas dejando como 2.5 cm (1 in) del tallo. Coloque los betabeles sin pelar en una charola para hornear lo suficientemente grande. Vierta agua en a una profundidad de 12 mm a 2.5 cm (½ –1 in). Cubra la charola con papel aluminio o una tapa.

Coloque la charola en el horno y caliente el horno a 190ºC (375ºF). Ase los betabeles, agregando más agua conforme se necesite para mantener su nivel original, hasta que estén tiernos y puedan picarse fácilmente con un tenedor, aproximadamente 40 minutos para betabeles pequeños, 1 hora para los medianos y 1½ a 2 horas para los grandes.

Retire la charola del horno. Deje enfriar hasta que se puedan manejar pero cuando aún estén bastante calientes, como 10 minutos. Pélelos, usando un cuchillo mondador en los lugares donde se pegue. Corte en cuarterones y retire los tallos.

Coloque en un tazón, agregue las echalotas y mezlce. Espolvoree con azúcar, sal al gusto, vinagre y jugo de limón y mezcle bien. Añada el aceite de oliva y eneldo al gusto y mezcle una vez más.

Pase con un cucharón los betabeles calientes a un platón de servicio o platos individuales. Adorne con queso de cabra desmenuzado sobre la parte superior. Sirva aún caliente o a temperatura ambiente.

RINDE 4 PORCIONES

PREPARANDO LOS BETABELES

El color intenso de los betabeles rojos se debe a un pigmento llamado betanin, que da un color rojo a cualquier cosa que toque esta verdura, por eso se dice que los betabeles "sangran". Para reducir el sangrado, no pele ni corte antes de cocinarlos. (Los betabeles dorados también son deliciosos y no sangran). Si prefiere asarlos en vez de hervirlos, el calor del horno intensifica su sabor y color, mientras que el hervirlos lo disminuye. Una vez cocinados, evite pintarse las manos de rojo y manchar las superficies de madera o plástico usando guantes de cocina y protegiendo la superficie de corte con papel de plástico o papel encerado.

Ingredientes:

6 a 8 betabeles pequeños, 4 medianos ó 3 grandes, aproximadamente 625 g (1 lb)

2 echalotas ó ½ cebolla morada picada

1 cucharadita de azúcar

Sal

1 cucharadita de vinagre balsámico

Jugo de ½ limón

1 cucharada de aceite de oliva extra virgen

1 a 2 cucharadas de eneldo fresco picado

90 g (3 oz) de queso de cabra fresco

ENSALADA DE INVIERNO DE COL MORADA Y FRUTA SECA

½ col morada, aproximadamente 500 g (1 lb), sin corazón y desmenuzada o finamente rebanada

Sal y pimienta recién molida

Vinagre de vino tinto o de pera, frambuesa o sidra

5 chabacanos secos, cortados en cuadros

5 higos dorados secos como los "Calimyrna" (Smyrna) cortados en cuadros

5 peras secas, cortadas en cuadros

5 ciruelas pasa, sin semilla y cortadas en cuadros

1 manzana dulce y jugosa como la "Granny Smith" o manzana amarilla sin pelar, sin corazón y cortada en juliana (página 10)

1 a 2 cucharadas de aceite de colza, girasol o cártamo

Varias pizcas de comino molido

½ cucharadita de azúcar o al gusto

2 a 3 cucharadas copeteadas de nuez

En un tazón mezcle la col y la sal, pimienta y vinagre al gusto y mezcle bien. Cubra y reserve por lo menos durante 2 horas a temperatura ambiente o, de preferencia, durante toda la noche en el refrigerador. Escurra todo menos 1 cucharada del líquido.

Agregue los chabacanos, higos, peras, ciruelas pasa y manzana a la col y mezcle bien. Rocíe con 1 cucharada del aceite y añada el comino, azúcar, sal y pimienta al gusto. Mezcle bien, después pruebe y ajuste la sazón agregando más aceite, vinagre, comino, azúcar, sal y/o pimienta.

Justo antes de servir, agregue las nueces y mezcle bien.

Variación: Substituya 2 cucharadas de uvas pasa doradas (sultanas) por las ciruelas pasa. Otras frutas de invierno como las peras, pérsimos "Fuyu" o semillas de granada se pueden utilizar para sustituir la manzana.

Para servir: Como guarnición de pato rostizado o asado o de ternera empanizada o chuletas de puerco.

RINDE 4 PORCIONES

SUAVIZANDO LA COL

La consistencia crujiente y el sabor fuerte de la col necesita suavizarse para algunos platillos. Una forma de hacerlo es blanquearla durante unos segundos en agua hirviendo y escurrirla rápidamente. Otra forma, como se ve en esta receta, es combinándola con el vinagre y especias, dejar reposar y escurrir antes de continuar con la receta. Esto transformará su textura fuerte en una más sedosa y su sabor fuerte en un sabor más suave. Además el vinagre convierte el matiz natural de color morado en un brillante tono escarlata.

CALABAZA HORNEADA
CON JITOMATES Y ROMERO

Pele la calabaza *(vea explicación a la izquierda)* y córtela en rebanadas de 12 mm (½ in) de espesor. En una sartén para freír gruesa y antiadherente caliente 3 cucharadas de aceite de oliva a temperatura media alta. Trabajando en tandas, saltee ligeramente las rebanadas de calabaza colocándolas en una sola capa, volteándolas una vez, hasta que estén doradas y tiernas, aproximadamente 6 minutos en total. No llene la sartén; las rebanadas pudieran caerse. Sazone con sal y pimienta, pase a un platón con una cuchara ranurada y reserve.

Regrese la sartén a fuego medio y agregue la cebolla. Saltee ligeramente, agregando más aceite si se necesita para evitar que se queme, hasta que la cebolla esté suave, aproximadamente 5 minutos. Añada el ajo al gusto y cocine a aromatizar, aproximadamente 1 minuto. Agregue los jitomates y sazone al gusto con sal, pimienta y una pizca de azúcar. Continúe cocinando sin tapar sobre calor medio, moviendo ocasionalmente con una cuchara de madera, hasta que los jitomates se desbaraten y la mezcla tenga una consistencia de salsa, de 15 a 20 minutos. Integre el romero y retire del fuego.

Precaliente el horno a 180°C (350°F). Acomode una capa de calabaza en el fondo de un refractario cuadrado de 28 x 30 cm (11 x 12 in) o rectangular de 33 x 23 cm (13 x 9 in) con bordes de 7.5 cm (3 in) de alto. Cubra con una tercera parte de la salsa. Repita la operación hasta tener 3 capas de calabaza y 3 capas de salsa, terminando con la capa de salsa. Rocíe con la cucharada restante de aceite de oliva.

Hornee hasta que la superficie esté ligeramente glaseada y dorada en algunos puntos y la calabaza se sienta suave al picarla con un cuchillo, de 35 a 45 minutos, revisando después de 25 minutos. Retire del horno y sirva caliente o a temperatura ambiente.

RINDE 4 PORCIONES

PELANDO LA CALABAZA

Para pelar una calabaza o una calabaza de invierno con cáscara gruesa, parta la calabaza a la mitad a lo largo con ayuda de un cuchillo fuerte de chef y retire con una cuchara las semillas y fibras. Rebane las mitades a lo largo una vez más haciendo trozos Coloque cada una con la parte de la cáscara hacia abajo sobre la tabla de picar, retire la pulpa de la piel, cortando tan cerca de ésta como le sea posible para no perder demasiada pulpa.

1 calabaza para hornear o calabaza de invierno (página 69), 1 kg (2 lb)

4 cucharadas (60 ml/2 fl oz) de aceite de oliva extra virgen, o según se requiera

Sal y pimienta recién molida

1 cebolla amarilla o blanca, picada

3 a 5 dientes de ajo picados

2 latas (375 g/12 oz) de jitomate en cubos

Una pizca de azúcar

1 a 2 cucharaditas de romero fresco picado

BRÓCOLI RABE CON TOCINO Y AJO

1 kg (2 lb) de brócoli rabe, recortado y cortado en trozos pequeños

90 g (3 oz) de tocino en cubos

3 dientes de ajo picados

2 a 3 cucharadas de aceite de oliva extra virgen

Una pizca de hojuelas de chile (opcional)

Sal

Jugo de ½ limón o al gusto

Ponga a hervir una olla con ¾ partes de agua. Agregue el brócoli rabe y cocine hasta que esté tierno pero aún brillante, aproximadamente 5 minutos. Escurra y reserve.

En una sartén para freír sobre fuego medio alto, saltee el tocino hasta que esté ligeramente crujiente, aproximadamente 5 minutos. Agregue el ajo, 2 cucharadas del aceite de oliva y las hojuelas de chile (si las usa), y saltee hasta que el ajo esté ligeramente dorado, aproximadamente 1 minuto. Incorpore el brócoli rabe y más aceite si se necesita para prevenir que se quemen e integre con la mezcla de ajo hasta que esté suave y totalmente caliente, de 1 a 2 minutos más.

Pase a un platón de servicio y sazone al gusto con sal. Agregue el jugo de limón y mezcle bien. Sirva de inmediato.

Variación: Prepare este platillo sin el tocino, deje enfriar a temperatura ambiente y sirva como ensalada. O, si lo desea, mezcle el platillo terminado con pasta recién cocida y un poco de queso ricotta. Si no encontrara brócoli rabe puede sustituir por brócoli.

RINDE 4 PORCIONES

BROCCOLI RABE

También conocido como broccoli raab, rape y rapini, esta verdura de la familia de la col, nabo, coliflor y mostaza comparte su sabor fuerte. Así como el brócoli conocido familiarmente, col y coliflor, el brócoli rabe es una verdura crucífera alta en fibra, vitaminas y minerales. Tiene tallos delgados, hojas dentadas de color verde oscuro y con pequeñas flores. Su sabor ligeramente amargo se lleva muy bien con otros sabores fuertes, como muestra esta receta del sur de Italia. Asegúrese de retirar cualquier tallo duro y hojas marchitas antes de cocinar.

ALCACHOFAS DE JERUSALÉN AL GRATIN

Vierta agua salada en una olla hasta llenar sus ¾ partes y hierva. Agregue las alcachofas y hierva hasta que al picarlas con un tenedor se sientan suaves, aproximadamente 15 minutos. Escurra y, cuando estén suficientemente frías para manejarlas, pélelas frotando la piel con sus dedos o retirándola con un cuchillo mondador. Rebane en rodajas de 6 mm (¼ in) de grueso.

Precaliente el horno a 200ºC (400ºF). Engrase con mantequilla un platón para gratinar oval de aproximadamente 33 cm (13 in) de largo y 23 cm (9 in) de ancho.

Cubra el fondo del platón con una capa de alcachofas, sobreponiéndolas ligeramente. Ponga una pequeña cantidad de mantequilla, espolvoree con un poco de ajo y perejil, y sazone al gusto con sal y pimienta. Repita la operación hasta que use todos los ingredientes. Vierta dos terceras partes de la crema en forma uniforme sobre la superficie.

Hornee hasta que la parte superior esté crujiente y la crema se haya espesado de 20 a 25 minutos. Retire del horno, agregue la crema restante y regrese al horno. Eleve la temperatura a 220ºC (425ºF) y continúe horneando hasta que la superficie del gratín esté dorada, crujiente y muy caliente, aproximadamente 15 minutos. Sirva de inmediato, directamente del platón.

RINDE 4 PORCIONES

ALCACHOFAS DE JERUSALÉN

A pesar de su nombre, las alcachofas de Jerusalén o potinambur, no son ni de Jerusalén ni son parientes de la alcachofa. "Jerusalén" es una alteración de girasole, el nombre italiano para girasol. Nativas de Norte América y también conocidas como "Sunchokes", estos tubérculos pequeños color crema de la planta de girasol tienen un sabor dulce, terrroso a nuez que recuerda el de las alcachofas. Si usted pela o corta los tubérculos mientras están crudos, rócielos con jugo de limón para evitar que se oscurezcan. Son maravillosos hechos al gratín, hervidos o hechos puré con papas, salteados o al vapor.

1 kg (2 lb) de alcachofas de Jerusalén o potinambur (Jerusalem artichokes)

3 cucharadas de mantequilla sin sal, cortadas en piezas pequeñas

2 dientes de ajo picados

2 cucharadas de hojas de perejil fresco picado (italiano)

Sal y pimienta recién molida

1 taza (250 ml/8 fl oz) de crema espesa

TARTA DE ZANAHORIA Y COMINO

1 receta de Pasta para Tarta (página 111), parcialmente horneada en blanco (vea explicación a la derecha)

2 cucharadas de mantequilla sin sal

5 ó 6 cebollas de cambray, incluyendo sus tallos, finamente rebanadas

Sal y pimienta recién molida

½ cucharadita de azúcar

3 a 4 tazas (375 a 500 g/ 12-16 oz) de zanahorias peladas y en rebanadas delgadas

½ cucharadita de semillas de comino

2 huevos grandes o extra grandes, más 1 yema grande o extra grande

1⅓ taza(340 ml/11 fl oz) de crema espesa o media crema

Una pizca de nuez moscada recién molida o macis molido

1½ taza (185 g/6 oz) de queso Gruyere, Ennenthaler o Jarlsberg rallado grueso

Prepare la costra profunda de pasta como se indica y deje enfriar.

Para hacer el relleno, caliente una sartén para freír grande a fuego medio hasta que esté caliente pero no humee. Agregue la mantequilla. Cuando empiece a espumar, añada las cebollas de cambray y saltee hasta que se marchiten, aproximadamente 1 minuto. Sazone con sal y pimienta. Retire del calor.

Vierta agua en una olla hasta llenar sus ¾ partes y hierva. Agregue sal al gusto, el azúcar y las zanahorias y sancoche hasta que estén medio cocidas y de color naranja brillante, de 1 a 2 minutos. Escurra y deje reposar para enfriar.

En una sartén pequeña sobre calor medio, tueste las semillas de comino hasta que aromaticen y doren ligeramente, de 2 a 3 minutos. Pase a un plato y deje enfriar.

En un tazón bata los huevos enteros con la yema de huevo, crema y nuez moscada hasta integrar por completo y sazone al gusto con sal y pimienta.

Coloque la rejilla en la parte superior del horno y precaliente a 180°C (375°F). Coloque una charola para hornear sobre la rejilla inferior en caso de goteo.

Espolvoree la mitad del queso en forma uniforme sobre la base de la costra fría. Acomode tantas rebanadas de zanahoria como le sea posible dentro de la costra para que queden apretadas, espolvoreando con el comino y las cebollas de cambray a medida que las acomoda. Vierta la mezcla de la crema sobre las zanahorias, rellenando el molde de tarta casi hasta la orilla. Espolvoree con el queso restante sobre la superficie.

Hornee hasta que la parte superior esté dorada y el relleno firme, de 25 a 30 minutos. Retire del horno y deje reposar por lo menos 10 minutos. Si usa molde para tarta con base desmontable, coloque el molde sobre la palma de su mano y deje caer el arillo; deslice la tarta a un platón de servicio.

RINDE DE 4 A 6 PORCIONES

HORNEADO EN BLANCO

También llamado pre horneado, significa hornear por completo o parcialmente una costra de pie o tarta antes de rellenarla. Para hornear parcialmente en blanco, precaliente el horno a 200°C (400°F). Coloque una hoja de papel encerado sobre el molde con la pasta; debe extenderla ligeramente sobre la orilla. Cúbralo con pesas de pie *(vea foto superior)*, arroz crudo o frijoles secos. Hornee durante 10 minutos o hasta que esté firme, retire las pesas y el papel. Pique el fondo de la costra aún suave con un tenedor y regrese al horno hasta que la costra esté firme y dore ligeramente, de 5 a 10 minutos más. Deje enfriar sobre la rejilla antes de rellenar.

RAICES DE INVIERNO ASADAS

Precaliente el horno a 220ºC (425ºF). Corte los camotes, chirivías, nabos y zanahorias en dos piezas grandes (aproximadamente de 4 cm cuadrados (1½ in). Pele las echalotas (página 62). Déjelas enteras si son pequeñas o parta a la mitad si son grandes.

Coloque los vegetales en un recipiente para asar que sea suficientemente grande para acomodarlos en una sola capa. Rocíe los vegetales con aceite de oliva y espolvoree con el ajo, el tomillo y la sal y pimienta al gusto.

Ase los vegetales, volteándolos una o dos veces para asegurar que se cocinen en forma uniforme, hasta que al picarlas con un tenedor se sientan suaves y estén doradas de las orillas, de 30 a 40 minutos. Sirva de inmediato.

RINDE 4 PORCIONES

500 g (l lb) de camote o batata pelada

250 g (½ lb) de chirivía (parsnips) pelada

250 g (½ lb) de nabo Sueco (rutabagas) pelado

250 g (½ lb) de zanahorias peladas

8 a 10 echalotas

3 cucharadas de aceite de oliva extra virgen

2 a 4 dientes de ajo picado grueso

1 a 2 cucharaditas de hojas de tomillo fresco ó ¼ cucharadita de tomillo fresco desmoronado

Sal y pimienta recién molida

NABOS SUECOS

Este miembro de la familia de las coles se parece a los nabos grandes, que a menudo se ven en los mercados. Los nabos de Suecia vienen en una variedad de colores, la mayoría son amarillos pero también hay cafés y blancos y se conocen con diversos nombres, incluyendo Suecos y amarillos. El sabor a mostaza de su densa pulpa de color amarillo se madura y se vuelve más dulce al cocinarse. Busque nabos firmes y sin manchas; los más pequeños son generalmente más tiernos y menos agrios. Después de pelarlos, rocíe con jugo de limón para evitar que se decolore.

PLATOS PRINCIPALES

Actualmente los cocineros tienen acceso a vegetales más frescos y con más sabor que se consiguen en los mercados de agricultores y tiendas de abarrotes que venden verduras. Casi todo el mundo está consciente de la necesidad de comer más vegetales para estar saludable. Los platos principales aprovechan estas dos tendencias logrando unos resultados deliciosos. Las recetas que mostramos a continuación han sido tomadas de cocinas alrededor del mundo.

RISSOTO CON CALABACITAS
BUTTERNUT A LA SALVIA

En un tazón pequeño, con ayuda de un tenedor, presione el ajo con una pizca de sal. Reserve. Parta la calabacita a la mitad y retire las semillas y las fibras. Pele las mitades (página 78) y corte una mitad en cuadros pequeños de 12 mm (½ in) y ralle grueso la otra mitad usando los hoyos grandes de un rallador de queso o en un procesador de alimentos.

Vierta el consomé en una olla, hierva sobre calor medio y ajuste el calor para mantener un hervor suave.

En una sartén grande y gruesa, derrita la mitad de la mantequilla con el aceite de oliva sobre calor medio. Agregue la calabacita en cuarterones y la cebolla y saltee hasta que se suavicen, de 5 a 7 minutos. Eleve la temperatura a media alta, añada el arroz y cocine moviendo hasta que los granos de arroz estén cubiertos con la mantequilla y el aceite y se tornen opacos, de 3 a 5 minutos.

Incorpore la salvia las ¾ taza de (180 ml/6 fl oz) de vino. Cocine, moviendo, a que evapore el vino. Integre el resto del vino y cocine una vez más moviendo a evaporar. Comience a añadir el consomé caliente en tandas de ½ taza (125 ml/4 fl oz) cada vez, moviendo hasta que casi todo el caldo se evapore antes de agregar más. Cuando el arroz esté casi tierno, después de 15 minutos, integre la calabacita rallada. Continúe cociendo, agregando más caldo y moviendo constantemente, hasta que el arroz esté firme pero suave y el centro de cada grano no esté blanco como gis, de 20 a 25 minutos en total. Incorpore el ajo triturado, la nuez moscada y la sal y pimienta al gusto. Añada más caldo caliente si es necesario.

Integre el queso Parmesano al gusto, y sirva con una cuchara el risotto en platos calientes de sopa. Divida la mantequilla sobrante en 4 partes iguales y cubra cada servicio con una porción de mantequilla y más queso Parmesano si se desea. Sirva de inmediato.

RINDE 4 PORCIONES

ARROZ PARA RISOTTO

El arroz más conocido para el risotto es el arroz "Arborio" Tradicionalmente se cultiva en el Valle del río Po al sur de Milán, aunque actualmente también en los Estados Unidos. Entre los otros arroces excelentes para este platillo están el "Vialone" "Nano" y el "Carnaroli". Todos ellos tienen alto contenido de almidón, asegurando un platillo cremoso y, al mismo tiempo, son duros por lo que resultan firmes pero tiernos. Los norteamericanos consideran estos arroces de grano medio, aunque los italianos y otros los consideran de grano corto.

2 a 3 dientes de ajo picados

Sal

1 calabacita "Butternut" pequeña u otra de invierno o calabaza, aproximadamente 500 g (1 lb)

3 a 4 tazas (750 ml a 1 l/24–32 fl oz) de caldo de verduras o de pollo

4 cucharadas (60 g/2 oz) de mantequilla sin sal o al gusto

2 cucharadas de aceite de oliva extra virgen

1 cebolla amarilla o blanca picada

1½ taza (330 g/10½ oz) de arroz Arborio

5 hojas de salvia fresca, finamente cortada o al gusto

1½ taza (375 ml/12 fl oz) de vino blanco seco

Una pizca de nuez moscada recién molida

Pimienta recién molida

¾ a 1 taza (90 a 125 g/3–4 oz) queso Parmesano rallado

RATATOUILLE

2 berenjenas
medianas (aubergines),
aproximadamente 500 g (1 lb)

2 calabacitas (courgettes)
aproximadamente 375 g
(12 oz)

Sal y pimienta recién molida

½ taza (125 ml/4 fl oz)
de aceite extra virgen

2 cebollas amarillas o blancas
en rebanadas delgadas

1 pimiento rojo (capsicum) sin
semillas y cortado en cuadros

1 pimiento verde (capsicum)
sin semillas y cortado en
cuadros

5 dientes de ajo picado
grueso

750 g (1½ lb) de jitomates
frescos, pelados y cortados
en cubos (página 108), ó 2
latas (375 g/12 oz) cada una
de jitomates en cubos, con
su jugo

1 a 2 cucharadas de pasta de
tomate o puré espeso (si usa
jitomate fresco)

2 a 3 cucharadas de perejil
fresco picado (italiano)

3 ramas de tomillo fresco

5 a 8 hojas grandes de
albahaca fresca, finamente
desmenuzada

Retire los tallos de las berenjenas. Parta en cuartos a lo largo y después en cuartos a lo ancho haciendo rebanadas de 12 mm (½ in) de espesor. Corte las calabacitas en rodajas de 6 mm (¼ in) de espesor. Espolvoree ligeramente ambas con sal. Deje reposar durante 30 minutos; limpie el exceso de sal con toallas de papel o deséchela.

En una sartén para freír caliente 2 cucharadas de aceite de oliva sobre calor medio alto. Agregue las cebollas y saltee hasta que estén casi suaves, aproximadamente 5 minutos. Añada los pimientos y la mitad del ajo y cocine sobre fuego medio bajo hasta que los pimientos se hayan suavizado aproximadamente 7 minutos. Pase a una sartén u horno alemán.

Regrese la sartén a fuego medio alto y vierta 2 cucharadas más del aceite de oliva. Añada las piezas de berenjena y saltee hasta que estén ligeramente doradas por ambas caras, de 6 a 7 minutos. Tenga cuidado de no moverlas demasiado, o las hará puré. Agregue las berenjenas a las cebollas y pimientos.

Regrese la sartén a calor medio alto y agregue 2 cucharadas adicionales de aceite de oliva. Añada las calabacitas y saltee hasta que estén doradas, de 4 a 5 minutos. Incorpore a los otros vegetales.

Añada el ajo restante, los jitomates frescos o en lata con su jugo, la pasta de jitomate (si la usa) el perejil, tomillo y albahaca a la sartén y mueva bien. Salpimiente al gusto. Coloque a fuego medio bajo y hierva volteando una o dos veces, a que haya evaporado la mayor parte de líquido, de 20 a 30 minutos. Si es necesario, retire los vegetales de la sartén con una cuchara ranurada y eleve la temperatura a temperatura alta, dejando que el líquido se reduzca hasta lograr una consistencia de salsa antes de volver a combinar con los vegetales.

Retire del calor e integre las 2 cucharadas restantes de aceite. Ajuste la sazón. Sirva caliente o a temperatura ambiente.

RINDE 4 PORCIONES

RATATOUILE

Uno de los grandes platillos de la cocina provenzal es el ratatouille, una deliciosa combinación de vegetales, hierbas y ajo del jardín de verano. Como muchos platillos rústicos, sabe mejor al día siguiente de ser cocinado, cuando los sabores han tenido oportunidad de mezclarse. Sírvalo caliente con cordero, pollo o puerco rostizado o asado, o pruébelo frío como un refrescante calmante en los días más calurosos de la estación.

TORTILLA ESPAÑOLA
DE PAPA, PIMIENTO Y JITOMATE

OMELET ESPAÑOL
La omelet español, mejor
conocido como tortilla española,
es clásica en la mesa ibérica,
consumiéndola como una tapa a
la hora del almuerzo o para
una cena ligera. Diferentes
ingredientes, ya sea vegetal,
carne o pescado se saltea
primero y después se une al
huevo batido y se cocina en
una sartén sobre la estufa
formando un pastel plano. Por
lo general, los cocineros
españoles dan vuelta a la
tortilla para dorar la segunda
cara, una maniobra que requiere
de cierta práctica. Pero la receta
ha sido simplificada al colocar la
tortilla por debajo del asador
para dorar la parte superior.

Caliente a fuego medio una sartén grande que se pueda meter al horno.
Agregue 3 cucharadas de aceite, las papas, cebolla, romero y la mitad del
ajo al gusto. Mezcle bien, reduzca a calor bajo, salpimiente, tape y cocine,
volteando las papas una o dos veces, hasta que estén cocidas,
aproximadamente 15 minutos.

Pase a un tazón y regrese la sartén a fuego medio alto. Añada 2 cucharadas
de aceite. Cuando esté caliente incorpore los pimientos y saltee hasta
que estén suaves, aproximadamente 7 minutos. Agregue los jitomates y
cocine hasta que se conviertan en una salsa espesa, de 7 a 10 minutos.
Salpimiente, añada el resto del ajo al gusto y la albahaca; mezcle bien.
Pase a un tazón.

En un tazón pequeño bata 5 de los huevos a mezclar bien e integre a las
papas. Bata los huevos restantes y agréguelos a la mezcla de jitomate.

Precaliente el asador (rosticero). Limpie la sartén, vuelva a colocar sobre
calor medio alto y agregue las 3 cucharadas restantes de aceite de oliva.
Cuando el aceite esté caliente, vierta la mezcla de papas y cocine sin
mover por aproximadamente 2 minutos. Reduzca el calor a medio bajo y
continúe cociendo, usando una espátula para levantar las orillas de la
tortilla tan a menudo que permita que el huevo líquido fluya por debajo
de las papas. Cuando los huevos estén prácticamente firmes, después de
alrededor de 7 minutos, vierta la mezcla de jitomate y espárzala en una
capa uniforme. Reluzca el calor a muy bajo, tape y cocine verificando
de vez en cuando para asegurarse que no se pegue el fondo, hasta que esté
firme, aproximadamente 7 minutos más.

Destape y coloque la sartén bajo del asador y cocine a que la parte
superior esté ligeramente dorada, de 3 a 4 minutos. Inserte un checador
de pastel o brocheta en el centro de la tortilla; deberá salir limpio. Deslice
la tortilla a un platón de servicio. Sirva caliente o a temperatura ambiente.

RINDE 4 PORCIONES

½ **taza (125 ml/4 fl oz)**
aceite de oliva extra virgen
o según se requiera

750 g (1½/2 lb) de papas
blancas como las "Yukon"
peladas y cortadas en
cubos de 12 mm (½ in)

1 cebolla amarilla o blanca
media grande, picada

1 a 2 cucharadas de
romero fresco picado

5 a 8 dientes de ajo picado

Sal y pimienta recién
molida

2 pimientos rojos
(capsicums) sin semillas
cortados en cubos

4 jitomates pelados
(página 108) sin semillas
cortados en cubos

3 a 4 cucharadas de hojas
de albahaca fresca

8 huevos

GUISO DE BERENJENA
Y GARBANZO CON JITOMATE

2 berenjenas (aubergines)
pequeñas a medianas,
aproximadamente 750 g
a 1kg (1½–2 lb)

4 a 5 cucharadas
(60-75 ml/2–2½ fl oz) de
aceite de oliva extra virgen

1 cebolla morada cortada
en cuarterones.

3 a 4 dientes de ajo picado
grueso

500 g (1 lb) jitomates
frescos, hechos puré con
un rallador *(vea explicación
a la derecha)*

1½ taza (280 g/9 oz)
garbanzos en lata
(garbanzo beans)

500 g (1 lb) de jitomates
en trozos enlatados, con
jugo

Sal y pimienta recién
molida

¼ cucharadita de azúcar

⅛ cucharadita de tomillo
seco, machacado

Una pizca de canela molida

½ taza (125 ml/4 fl oz) de
vino tinto seco

2 cucharadas de perejil
picado (italiano)

½ limón, su jugo

Corte la berenjena en forma transversal en rebanadas de 12 mm
(½ in) de espesor.

Caliente una sartén grande y gruesa a fuego medio alto. Cuando
esté caliente añada 2 cucharadas del aceite de oliva, después
agregue la berenjena y fría hasta que se dore por un lado,
aproximadamente 5 minutos. Voltee y dore el segundo
lado, agregando de 1 a 2 cucharadas más de aceite de oliva,
conforme se necesite. Retire de la sartén y reserve.

Caliente una cucharada de aceite de oliva a fuego medio.
Saltee la cebolla con el ajo hasta que la cebolla se suavice, de
5 a 6 minutos. Agregue el puré de jitomate fresco, garbanzos,
jitomates con su jugo, sal y pimienta al gusto, azúcar, tomillo,
canela, vino tinto y perejil. Cocine suavemente hasta que la salsa
espese y tenga sabor, aproximadamente 10 minutos, moviendo
ocasionalmente pero teniendo cuidado de no romper los
garbanzos.

Agregue la berenjena, teniendo cuidado de no romper las
rebanadas, cubra y reduzca el calor a medio bajo. Deje hervir a
fuego lento para combinar los sabores, de 10 a 15 minutos.
Agregue un poco de jugo de limón, rectifique la sazón y sirva
caliente o a temperatura ambiente.

*Para servir: Sirva este guiso con pan baguette tipo francés y una
ensalada de queso feta, o coloque con un cucharón sobre pasta
hervida o sobre una pila de arroz pilaf (plato oriental con arroz y
especias).*

RINDE 4 PORCIONES

PURÉ RÁPIDO
DE JITOMATE

Hacer un puré de jitomate
fresco con un rallador es una
forma sencilla de agregar el
sabor del jitomate sin
necesidad de blanquear, pelar
y hacer puré en un
procesador de alimentos.
Trabajando con un jitomate
a la vez, corte una rebanada
delgada del lado del tallo y
apriete para sacar las semillas.
Ralle la orilla cortada en las
raspas grandes de un rallador
manual, convirtiendo la pulpa
en un puré suave. Solo
quedará la piel, la cual se
desecha.

ALCACHOFAS RELLENAS
CON BULGUR Y JITOMATES ASADOS

Ponga a hervir una olla grande de agua, agregue las alcachofas a hervir hasta que estén medio cocidas, aproximadamente 20 minutos. Escurra y deje enfriar. En otra olla, mezcle el bulgur con 2 tazas (500 ml/16 fl oz) de agua. Coloque sobre calor medio alto y deje que suelte el hervor. Reduzca la temperatura a baja y deje hervir a que el bulgur esté ligeramente suave, aproximadamente 10 minutos.

Mientras tanto, ralle 5 ó 6 de los jitomates haciendo un puré (página 97) y corte los demás en pedazos. Pique 2 de los dientes de ajo, corte de 4 a 6 de los dientes en tiras delgadas y deje los demás enteros.

Agregue los jitomates rallados, el ajo picado y la menta al bulgur y salpimiente. Continúe cocinando unos minutos más hasta que el bulgur esté tierno y haya absorbido la mayor parte de líquido. Combine 2 cucharadas de aceite de oliva, el perejil y el jugo de la mitad de 1 limón y retire del fuego.

Precaliente el horno a 230ºC (450ºF). Con cuidado coloque las hojas de cada alcachofa y retire la parte vellosa. Llene cada alcachofa con una cuarta parte de la mezcla de bulgur, presionando y emparejando en la parte superior. Usando un diente de ajo para cada alcachofa deslice tiras de ajo entre la mayoría de las hojas. Acomode las alcachofas en la charola para hornear dejando espacio entre ellas. Llene estos espacios con los pedazos de jitomate y los dientes de ajo enteros. Rocíe uniformemente el resto del aceite, incluyendo los espacios entre las hojas, el jugo de la otra mitad de limón y sal gruesa.

Ase hasta que estén doradas en algunos puntos, aproximadamente 30 minutos. Reduzca el calor a 165ºC (325ºF) y ase a que se doren en forma uniforme y los jitomates se hayan marchitado y estén oscuros, aproximadamente 30 minutos. Sirva acompañando con algunos pedazos de jitomate asado y un pedazo de limón, bañando con los jugos de la olla.

RINDE 4 PORCIONES

BULGUR

El bulgur, de sabor ligeramente parecido a la nuez, conocido también con el nombre de bulghur o burghul, era un alimento favorito de los antiguos persas. Se prepara cociendo trigo al vapor, retirando parcialmente el salvado y secando y rompiendo los granos. Actualmente se encuentra más a menudo en la cocina del Medio Este y de los Balcanes, donde se usa como base para pilafs (platos orientales hechos de arroz con carne, pescado y especias), ensaladas y rellenos. Se vende en granos finos, medianos y grueso. Tiene un sabor suave y una consistencia firme que lo hace un buen medio para guardar el sabor de otros ingredientes.

4 alcachofas grandes, sin tallos, espinas ni hojas externas (página 34)

1 taza (185 g/6 oz) de bulgur molido medio

1.5 kg (3 lb) de jitomates grandes y maduros

10 a 12 dientes de ajo

3 cucharaditas de menta fresca picada ó 1½ cucharadita de menta seca, desmoronada

Sal de mar gruesa y pimienta recién molida

4 cucharadas (60 ml/2 fl oz) de aceite de oliva, según se necesite

3 a 4 cucharadas de perejil picado (italiano)

2 limones, 1 partido a la mitad y otro en pedazos

VEGETALES FRITOS CON TOFU

2 a 4 dientes de ajo

1 zanahoria pequeña a mediana

1 pimiento rojo (capsicum)

1 cebolla amarilla o blanca

1 col blanca, aproximadamente de 750 g (1½ lb)

375 g (¾ lb) de tofu firme, escurrido

Fécula de maíz para espolvorear (maizena)

3 cucharadas de aceite de colza o aceite vegetal

1 cucharada de jengibre fresco, pelado y picado

Sal

¼–½ cucharadita de polvo Chino de cinco especias

3 a 4 cucharadas (45 a 60 ml/ 1½–2 fl oz) de caldo de pollo

1 cucharada de azúcar

3 a 4 cucharadas (45-60ml/ 1½–2 fl oz) de salsa hoisin

Salsa de soya

Aceite de chile

Vinagre de arroz

½ cucharadita de aceite de ajonjolí

1½ taza (330 g/ 10½ oz) de arroz blanco cocido de acuerdo a las instrucciones del paquete

Pique el ajo. Pele y rebane la zanahoria en diagonal. Retire las semillas del pimiento y corte en cuadros grandes. Rebane la cebolla a lo largo. Retire el corazón de la col y corte en cubos grandes. Corte el tofu en cubos de 2.3 cm (1 in), seque con toallas de papel, espolvoree con la fécula de maíz y vuelva a secar con toallas de papel.

En un wok u olla profunda para freír, de preferencia antiadherente, caliente 1 cucharada de aceite a fuego medio alto, moviendo la olla para cubrirla con el aceite. Agregue el Tofu y cocine hasta dorar ligeramente por el primer lado, de 2½ a 4 minutos. Voltee los cubos teniendo cuidado de no romperlos y continúe cocinando a dorarlos por el otro lado, de 2½ a 4 minutos más. Páselos a un plato y reserve.

Limpie la olla, regrésela a temperatura alta y agregue 1 cucharada de aceite, moviendo una vez más. Cuando esté caliente incorpore el ajo, jengibre, zanahoria y pimiento y fría 1 minuto. Añada el tofu.

Regrese la olla vacía a fuego alto y caliente la cucharada restante de aceite. Agregue la cebolla y fría 1 minuto. Añada la col, una pizca de sal y mueva para cubrir con el aceite. Incorpore el polvo de cinco especias y 3 cucharadas de caldo y fría moviendo hasta que la col haya empezado a suavizarse, de 5 a 6 minutos. Integre el azúcar, salsa hoisin, salsa de soya y aceite de chile y mezcle. Agregue otra cucharada de caldo si la mezcla parece seca. Cubra cocine sobre calor alto hasta que la col esté tierna y crujiente, aproximadamente 5 minutos.

Destape y combine la mezcla de zanahoria y el tofu. Mueva para incorporar y calentar por completo, aproximadamente 3 minutos. El líquido debe estar casi totalmente evaporado. Sazone con el vinagre para balancear los sabores.

Apile los vegetales sobre un platón y bañe con el aceite de ajonjolí. Sirva de inmediato acompañando con arroz blanco.

RINDE 4 PORCIONES

PARA FREIR

El secreto para freír con éxito las verduras es cocinar los ingredientes rápidamente en aceite caliente a fuego alto para que se mantengan firmes y crujientes. Los pimientos rojos (capsicums), zanahorias y col son sólidos para freírse inicialmente. Estos son más fuertes que algunos otros vegetales delicados como los chícharos chinos (mangetous) o los germinados, que fácilmente se sobre cuecen. Dado que la velocidad es primordial, tenga todos los ingredientes cortados, medidos y a la mano junto a la estufa antes de empezar a cocinar.

TARTA DE PORO Y QUESO DE CABRA

Prepare la corteza de la tarta como se indica y déjela enfriar.

En una sartén grande y gruesa, derrita la mantequilla a fuego medio bajo. Cuando haga espuma, agregue los poros, disminuya el fuego a bajo, y cocine lentamente hasta que los poros estén suaves y dorados, aproximadamente 15 minutos. Salpimiente y deje reposar a temperatura ambiente para enfriar.

Coloque una rejilla en la parte superior del horno y precaliente a 180ºC (350ºF). Coloque una charola para hornear en la rejilla inferior que sirva en caso de goteo.

En un tazón, bata los huevos enteros, la yema y la crema a integrar por completo. Sazone con la nuez moscada, sal, y pimienta.

Esparza la mitad del queso rallado en forma uniforme sobre la costra de pasta. Cubra con los poros, el cebollín y finalmente el queso de cabra. Vierta suficiente mezcla de huevo, deteniéndose a los 12mm (½ in) antes del borde. Esparza el queso rallado restante en forma uniforme sobre la superficie.

Hornee aproximadamente 25 minutos, hasta que la parte superior se esponje y dore y el relleno tiemble ligeramente al sacudir la sartén. Retire del horno y deje reposar por lo menos 10 minutos. Si se usa un molde para pastel desmoldable colóquelo sobre la palma de su mano y deje que el borde se separe. Después pase la tarta a un platón para servir. Sirva caliente o a temperatura ambiente.

RINDE 4 A 6 PORCIONES

LIMPIANDO POROS

Los poros crecen en tierra arenosa, por lo que necesitan limpiarse cuidadosamente para quitar por completo la arena que se esconde entre sus largas y frondosas ramas. Usando un cuchillo afilado, corte las raíces y las partes verdes duras. Pele la capa superior, que generalmente está marchita o decolorada. Haga una abertura a lo largo en medio del poro, extendiéndolo hasta tres cuartas partes del corazón del poro, deteniéndose donde el blanco cambia a verde. Enjuague el poro abierto bajo un chorro de agua fría, retirando suavemente las capas con hojas para quitar toda la arena.

1 receta de Pasta para Tarta, parcialmente horneada en blanco (página 85)

2 cucharadas de mantequilla sin sal

500 g (1 lb) de poro, incluyendo las partes tiernas verdes, bien limpio *(vea explicación a la izquierda)* y rebanado a lo ancho, en trozos de 3mm (⅛ in)

Sal y pimienta recién molida

2 huevos enteros, más una yema de huevo

1 taza (250 ml/8 fl oz) de crema entera o media crema

Una pizca de nuez moscada recién rallada

1 taza (125 g/4 oz) de queso Gruyere, Emmenthaler, o Jarlsberg rallado

3 cucharadas de cebollín fresco picado

125 g (¼ lb) de queso de cabra fresco desmenuzado

TEMAS BÁSICOS SOBRE LOS VEGETALES

La frase "guarnición de vegetales" antes significaba algo que debía tomarse en cuenta ya que constituía el elemento que convertía a la carne con papas en una comida. Esto ha dejado de ser verdad. Los simples vegetales cocidos del pasado han dado lugar a toda una nueva filosofía gastronómica que coloca a los vegetales frescos en un sitio más prominente en la mesa, añadiendo color, sabor y atractivo a cualquier comida.

EL ENFOQUE ESTACIONAL

La primera clave para obtener deliciosos platillos a base de vegetales consiste en seguir las estaciones. Cualquier vegetal que ha sido cultivado localmente y madurado en su temporada natural tendrá infinitamente más sabor que las especies semimaduras transportadas desde el otro extremo del país o del mundo. Visite un mercado local de productos frescos a fin de encontrar los vegetales más frescos de la estación y no podrá más que sentirse verdaderamente inspirado en la cocina. O, si tiene buena mano y un poco de espacio, usted mismo puede cultivar sus productos. Nada es más sabroso que los vegetales seleccionados en su propio jardín, minutos antes de cocinarlos.

A continuación presentamos una lista de vegetales que deberá buscar en diferentes épocas del año. Recuerde que los vegetales no están pendientes del calendario, por lo cual su disponibilidad variará dependiendo de su ubicación y clima.

PRIMAVERA

Brotes y Tallos: Alcachofas y espárragos

Hojas: Arúgula, espinaca miniatura, berza o col rizada, lechugas, mache.

Familia de las coles: Brócoli rabe y col

Raíces y tubérculos: Daikón, papas cambray, rábanos, nabos, jengibre joven.

Setas: Botones, morillas, oysters, porcini, portobellos y shiitakes.

Guisantes, Frijoles y Granos: chícharos, habas y ejotes.

Bulbos: Pueros pequeños, green garlic, cebollas de cambray, cebollas Vidalia.

VERANO

Hojas: Arúgula, lechuga romana y espinaca

Frutos: Pimientos (capsicum), chiles, berenjenas (aubergines), calabazas, tomates, jitomates y calabacitas (courgettes).

Raíces y Tubérculos: Zanahorias, jengibre y papas.

Guisantes, Frijoles y Granos: Elote, chícharos, ejotes, haricots verts, alubias, shelling beans como el arándano y el chirivía.

Bulbos: Ajo, poros, cebollas y echalotas.

OTOÑO

Brotes y Tallos: Alcachofas e hinojo.

Hojas: Espinaca y acelga.

Familia de las coles: Brócoli, brócoli rabe, coles de Bruselas, col y coliflor.

Frutos: Pimientos, berenjenas, calabaza de Castilla, calabazas de invierno.

Raíces y Tubérculos: Raíz de apio (celeriac), chirivía o pastinaca, papas, rutabagas, camotes, nabos y batata.

Setas: Trompetas negras, botones, chanterelles, oysters, porcini, portobellos y shiitakes

Bulbos: Ajo, poros y echalotas.

INVIERNO

Hojas: Escarola, berza o col rizada, radicchio, acelga y retoños de nabo.

Familia de las coles: Brócoli, brócoli rabe, coles de Bruselas y col.

Raíces y Tubérculos: Betabeles, zanahorias, apio, alcachofa de Jerusalén, chirivía, rutabagas, camotes, nabos, y batata.

Setas: Botones, chanterelles, portobellos y trufas.

SELECCIÓN Y ALMACENAJE

Cuando elija vegetales, busque los más frescos. Al permanecer en el supermercado, perderán humedad y vitaminas así como sabor. Los vegetales frescos deben tener un aspecto regordete, húmedo y terso. En el mercado puede preguntar al productor cuándo fueron recolectados. A menudo, le ofrecerán una muestra para que la pruebe.

Algunos vegetales, como el elote en mazorca, los jitomates y las alcachofas empiezan a perder frescura en el momento de su recolección. Otros, tales como las calabazas de invierno de cáscara dura, las papas y las zanahorias pueden ser almacenadas por períodos relativamente prolongados.

Las hojas verdes tiernas no se conservan en buen estado; manténgalas en el cajón del refrigerador sólo por unos días. Cuando sus orillas de adquieran un tono marrón o las hojas tengan muestras de descomposición, deséchelas.

Las coles y los tubérculos como los nabos tienen una buena vida de almacén. Estos vegetales de invierno conservan su sabor, textura y nutrientes durante varias semanas a partir de su recolección. Consérvelos en el cajón del refrigerador hasta dos semanas. Los vegetales de verano frescos, como las calabacitas y las berenjenas también se conservan en buenas condiciones en el refrigerador, aunque durante un período menor.

Las cebollas, las echalotas y los ajos pueden almacenarse a temperatura ambiente y, por lo regular, se conservarán por tres semanas. Manténgalos en un sitio fresco, de preferencia dentro de una canasta por la que circule el aire. Las papas deben almacenarse en un lugar oscuro, ya que la luz ocasionará que se vuelvan verdes y amargas.

PREPARACIÓN DE LOS VEGETALES

El primer paso a seguir consiste en limpiarlos. Lávelos bajo el chorro del agua; a continuación permita que se sequen antes de utilizarlos. Si tiene prisa, utilice papel absorbente o un trapo de cocina limpio para secarlos. Las setas, que son porosas y absorben el agua no deberían enjuagarse. Emplee una brocha o cepillo suave o una tela húmeda para limpiarlas. Los guisantes y los chícharos sólo deben sacarse de su cáscara. La cebolla, los ajos y echalotas sólo necesitan pelarse.

TÉCNICAS BÁSICAS

Picado tosco: Para picar toscamente vegetales largos y delgados como el apio, primero corte a lo largo en mitades o cuartos, después sostenga juntas las piezas y rebane.

Para cortar de esta misma forma una cebolla u otro tipo de vegetal redondo, siga los pasos que muestran en la página opuesta:

1 Corte la cebolla a la mitad: elimine el extremo del tallo, haga cortes a lo largo, yendo del tallo a la raíz, después pélela.

2 Haga una serie de cortes verticales: coloque la media cebolla con la parte plana sobre la tabla para picar, sosteniéndola con la punta de los dedos, permitiendo que los nudillos sobresalgan al resto de los dedos y queden lejos de la hoja del cuchillo y, con la punta del mismo hacia el extremo de la raíz, realice una serie de cortes verticales paralelos con un ángulo recto respecto a la tabla. No corte hasta el extremo.

3 Haga una serie de cortes horizontales: Voltee el cuchillo de tal manera que quede paralelo respecto a la tabla de picar y perpendicular a la primera serie de cortes, realice una serie de cortes horizontales en la mitad de la cebolla, sin llegar al extremo.

4 Pique la cebolla: Sencillamente rebane la cebolla a través de los dos cortes hechos en los pasos 2 y 3.

Picado fino: Para cortes más finos, apile los vegetales cortados toscamente. Corte hasta que tengan el tamaño deseado, sosteniendo la punta del cuchillo en la tabla de picar con una mano y moviendo la hoja del cuchillo sobre la pila.

Descorazonar: El centro duro que algunas veces tiene el apio o el hinojo es desagradable por lo que debe ser eliminado. Para hacerlo, corte en mitades

o cuartos y con el cuchillo de chef elimine el centro.

Corte en rebanadas: Rebane limpiamente utilizando un cuchillo de chef y una tabla para picar. Mantenga las puntas de los dedos alejadas de la hoja. Cuando deba rebanar grandes cantidades, emplee una mandolina (ver página 114) para facilitar la tarea, cuando no importa que las rebanadas sean uniformes, utilice el procesador de alimentos.

Cubos: Para cortar un vegetal en cubos, primero haga tiras uniformes de 1/8 a 1/2 pulgada (3 a 12 mm). Sostenga juntas las tiras y corte a través conservando la medida elegida.

Rallado y deshebrado: Utilice los orificios pequeños del rallador para rallar y los grandes para deshebrar. O use el disco correspondiente del procesador de alimentos según el resultado que desee obtener. Algunos vegetales, como las calabacitas y las papas deben exprimirse perfectamente después de rallados para eliminar el exceso de líquido.

También se puede deshebrar con la ayuda de un cuchillo, en especial cuando se trata de vegetales grandes de hojas como la col.

Emplee el cuchillo de chef para cortar el vegetal en pedazos lo suficientemente pequeños como para cortarlos fácilmente en tiras con el cuchillo.

Julianas: Vea página 10.

Desmenuzado: Desmenuzar es muy similar a picar finamente, pero el término se utiliza básicamente para alimentos más pequeños que deben reducirse a pedazos diminutos, en particular el ajo y las hierbas.

Mondado de tallos duros: Este tipo de vegetal, como el espárrago y el brócoli deben pelarse para que se facilite su cocimiento. Utilice un cuchillo mondador pequeño o un pelador de verduras afilado para eliminar sólo lo suficiente de la cáscara exterior gruesa para mostrar la tierna carne interna.

Para eliminar la piel fina: Las zanahorias, calabacitas y otros vegetales que poseen carne tierna y piel delgada a menudo se pelan ya sea por razones estéticas o debido a la dureza o sabor amargo de la piel o cáscara. Emplee un pelador de verduras afilado. Para pelar ajos, macháquelos ligeramente con el lado de la hoja del cuchillo, presionando con firmeza con la palma de la mano para desprender la piel. Para pelar jitomates, hierva suficiente agua en una cacerola. Haga una cruz en la parte superior del jitomate y blanquéelo hasta que la piel empiece a arrugarse, es decir, alrededor de 15 a 30 segundos. Con la ayuda de una cuchara ranurada, pase el jitomate a un tazón con agua helada para detener su cocción. En este momento la piel se desprenderá con facilidad. Para

pelar pimientos, vea la página 49.

Salado: Algunos vegetales deben salarse y escurrirse antes de cocinarse. La sal elimina el exceso de líquido que muchos vegetales contienen de manera natural, lo cual podría provocar que tengan un sabor amargo o que interfiera con el proceso de cocción. Las calabacitas y berenjenas grandes son de los vegetales salados más comunes. Para eliminar el exceso de sal y líquido, corte de acuerdo con las instrucciones de cada receta y espolvoréelos uniformemente con sal gruesa (sal marina o de mar). Coloque los vegetales en un colador sobre un plato y déjelos reposar durante 30 minutos. Coloque sobre papel absorbente doble, extendiéndolos. Con ayuda de más papel absorbente presione suavemente para eliminar la humedad excesiva, así como la sal restante. No enjuague, ya que los vegetales absorberán el agua. Puede salar los vegetales cuando están rebanados o cortados en cubos o, en el caso de las calabacitas, después de rallarlas.

COCCIÓN DE LOS VEGETALES

Los vegetales, por supuesto, no deberían ser considerados sólo una guarnición, ya que algunas veces una preparación sencilla de vegetales frescos es justo lo que se requiere para dar el toque final a una comida. Las técnicas básicas de cocina que se presentan a continuación son los pasos utilizados en las recetas de este libro, pero pueden utilizarse por sí solas.

HERVIR

Es un método intenso de cocción. Puede ser una forma adecuada en la preparación de los vegetales, siempre y cuando no los cueza en exceso. Llene dos terceras partes de una cacerola con agua, añada un puño de sal y hiérvala. Algunos vegetales, como las papas, los guisantes, los chícharos y las zanahorias se cocinan mejor si se les añade una pizca de azúcar; pero, no sucede lo mismo con otros como los espárragos, las calabacitas o las espinacas.

Agregue de una sola vez los vegetales al agua hirviendo. Si el agua cubre a los vegetales y éstos se cocinan en menos de 5 minutos, no es necesario que tape la cacerola; para los vegetales que llevan un tiempo de cocción mayor, o cuando cocina con menos líquido, coloque la tapa de la cacerola. Esta conservará el calor y el vapor acelerando la cocción. Deberá vigilar la cacerola y ajustar la flama a fin que el agua no se derrame. Cuando los vegetales están suaves pero todavía crujientes, escúrralos y continúe con la receta. Para saber si los vegetales firmes como las papas y el brócoli están listos, perfórelos con la punta de un tenedor afilado. Pero evite hacerlo demasiadas veces ya que entrará demasiada agua al centro del vegetal.

ASAR A LA PARRILLA

Prácticamente todos los vegetales se cocinan bien a la parrilla. La berenjena, el hinojo, los pimientos, papas, camotes y calabacitas son deliciosos cuando se cortan en rebanadas gruesas y se asan. Las alcachofas, setas, cebollas y jitomates quedan mejor si se asan enteros o en mitades. Los espárragos enteros y el elote en mazorca adquieren un delicioso sabor ahumado cuando se preparan a la parrilla. Unos cuantos lineamientos sobre cómo asar a la parrilla garantizarán el mejor resultado.

Antes de comenzar a asar, empiece por limpiar la parrilla con un cepillo de cerdas duras y frote los vegetales con aceite de oliva, sal y pimienta. En las parrillas para carbón, utilice pinzas metálicas de mango largo, un atizador largo u otro tipo de herramienta para extender de manera uniforme los carbones calientes en el área baja sobre la que estarán los vegetales. Si se trata de un asador de gas, encienda todos los quemadores debajo de la parrilla donde planea cocinar, a una temperatura media, media alta.

Los vegetales grandes que requieren más tiempo de cocción deben ser hervidos ligeramente, cortados en rebanadas gruesas y cubiertos con una marinada ligera antes de asarse. Si empiezan a quemarse antes de estar tiernos, cámbielos al perímetro más frío de la parrilla lejos del centro de calor. Permita que terminen de cocinarse con fuego indirecto.

PURÉ O PASTA

Las papas en puré esponjoso o machacadas constituyen uno de los llamados alimentos para el alma, pero muchos otros vegetales pueden también hacerse puré. Las zanahorias, raíz de apio, alcachofa Jerusalén, nabos, rutabagas, chirivía, calabazas de invierno pueden cocinarse y hacerse puré solos o acompañados de papa. Además, los poros, la calabaza, las cebollas amarillas y verdes salteadas son un agregado delicioso para los purés de vegetales. Mézclelos una vez que los vegetales hayan sido machacados y adicionados con mantequilla y leche.

Para cocinar los vegetales a machacar, cocínelos enteros o en trozos (ver Hervir, en esta página). La mayor parte de los vegetales, con excepción de las papas, deben pelarse. El cocer la papa con su cáscara evita que se sature de agua. Pero si va a hervir papas sin pelar, que éstas sean orgánicas, ya que se considera que los pesticidas se concentran en la delgada piel de la papa.

Después de cocidos, escurra los vegetales y con un machacador, globo, pasapurés, molino de alimentos o licuadora eléctrica machaque el vegetal, incorpore la mantequilla y la leche o crema que esté caliente pero no hirviendo. Evite utilizar un procesador de alimentos ya que los vegetales desarrollan una textura gomosa. Si así lo desea sirva los purés espolvoreados con cebollín recién picado o perejil.

ROSTIZADO

La mayor parte de los vegetales tienen un excelente sabor cuando se rostizan, incluyendo aquellos de invierno como los nabos, papas, camotes, zanahorias, calabazas y los de verano como la berenjena, calabacitas, jitomates y pimientos. Este método de cocción a base de calor seco concentra los azúcares naturales que se encuentran en los vegetales y aumenta su sabor.

Cuando rostice vegetales de tamaño mediano o grande, córtelos en mitades o trozos, mézclelos con aceite de oliva y espolvoréelos con sal, pimienta y otros sazonadores de su agrado. Colóquelos en una sola capa en una charola para horno y hornéelos descubiertos hasta por una hora a 375ºF (190ºC). Reduzca el calor según se necesite para evitar que se quemen o resequen antes de cocinarse. Los vegetales de invierno necesitarán más tiempo para suavizarse que los de verano. Los vegetales rostizados están en su punto cuando están suaves, dorados y caramelizados.

AL VAPOR

La cocción al vapor es un método especialmente adecuado para vegetales, debido a que es menos agresivo que hervirlos y permite que conserven su forma, color, sabor y textura. Además, es un método saludable porque no utiliza grasa y la mayor parte de los nutrientes permanecen intactos.

En este tipo de cocción utilice un inserto para vapor o una canastilla plegadiza colocada en una cacerola con agua en el fondo. Asegúrese que el agua no toque el fondo de la canastilla. Hierva el agua antes de agregar la canasta con los vegetales. A continuación, cubra y cocine hasta que éstos estén suaves pero crujientes y de color brillante.

El vapor cocina los alimentos con mucha rapidez, por lo que debe vigilarlos para evitar que se sobre cocinen. Abra la vaporera con mucho cuidado. Retire la cara y abra la tapa hacia el lado contrario donde usted se encuentra. Además, emplee guantes para horno para proteger manos y brazos. Puede escaldarle la piel como el agua hirviendo.

La mayoría de los vegetales puede cocinarse al vapor. Si son grandes y tomarán tiempo en cocinarse, añada agua caliente al fondo de la cacerola cuando esté por terminarse. En general, debe cortar los vegetales que cocinará al vapor en trozos grandes para que se cuezan uniformemente.

FRITURA CON MOVIMIENTO

Este método asiático de cocción consiste en freír rápidamente pequeñas piezas de alimentos, en aceite con fuego alto. Siempre que se fríe de esta manera, dos de los elementos más importantes a tener en mente son el fuego alto y el tiempo de cocción corto. Esto conserva a los vegetales crujientes y brillantes.

El wok es el utensilio perfecto para freír, debido a que sus lados altos exponen a los alimentos a la superficie máxima de cocción y evitan que éstos salgan de la cacerola mientras usted la mueve. Pero, el wok puede sustituirse por una cacerola de acero forjado o cacerola para saltear gruesa.

Para cocinar de manera uniforme, los vegetales deben cortarse en pedazos iguales o en cubos. Las zanahorias y calabacitas se cocinan mejor si se cortan en julianas (ver página 10), mientras que los vegetales largos y delgados como los guisantes y los espárragos deben rebanarse diagonalmente para que se cocinen más rápidamente. En los platillos a base de vegetales mixtos, añádalos de acuerdo con el tiempo que requerirán para su cocción. Los vegetales en rebanadas delgadas se cocinan con rapidez, mientras que los trozos grandes llevan un tiempo de cocción mayor. A menudo, los diferentes vegetales se cocinan en tandas, se retiran de la sartén y por último se combinan de nuevo agregándoles un poco de salsa para finalizar el platillo.

RECETAS BÁSICAS

Recetas usadas en este libro para preparar algunos platillos.

MASA BÁSICA PARA PIE

1½ tazas (235 g/7½ oz) de harina de trigo

½ cucharadita de sal

10 cucharadas (155 g/5 oz) de mantequilla sin sal fría, cortada en trozos pequeños

4 a 5 (60-75 ml/2-2½ fl oz) cucharadas de agua fría o helada

Para hacer la masa, combine la harina, azúcar y sal en un tazón. Agregue los trozos de mantequilla y mezcle hasta integrar con la harina. Usando un batidor de varilla para pasta o 2 cuchillos, corte las piezas de mantequilla para integrar con la mezcla de harina hasta que queden del tamaño de chícharos pequeños. Vierta poco a poco el agua helada y combine con un tenedor hasta que los ingredientes se unan. Usando sus manos, suavemente forme una bola con la masa y aplane a hacer un disco. Envuelva en una bolsa de plástico y refrigere, por lo menos 30 minutos o hasta 2 días.

Sobre una superficie enharinada, extienda la masa para formar un círculo de 35 cm (14 in). Doble en cuartos y coloque sobre un molde de tarta de 23-24 cm (9-9½ in) con 5 cm de borde (2 in) de preferencia con base desmontable. Acomode la masa en el molde sin estirar, corte el sobrante. Presione sobre las orillas, ejerciendo la suficiente presión para estirar ligeramente encima de la orilla, dejando un pequeño borde fuera de la orilla. Esto evitará que los bordes encojan durante el horneado. Para el cocimiento de la masa en blanco, vea la página 85. Esta masa rinde para hacer 1 costra sencilla para tarta de 23-24 cm (9½ in)

CALDO DE POLLO

2 cucharadas de aceite vegetal

1 cebolla blanca o amarilla, toscamente picada

1 zanahoria pequeña, toscamente picada

1 apio pequeño, toscamente picado

1.5 kg (3 lb) de alas, pescuezo y otras piezas de pollo, toscamente picadas

3 ó 4 ramas de tomillo frescas, o ½ cucharadita de tomillo seco

¼ cucharadita de granos de pimienta

1 hoja de laurel

Caliente en una olla el aceite vegetal sobre fuego medio alto. Agregue la cebolla, zanahoria y apio y deje cocer destapado, moviendo constantemente, a suavizar durante 5 minutos. Añada las piezas del pollo y agua fría a cubrirlas por 5 cm (2 in), aproximadamente 2.5 l (2½ qt). Deje hervir a fuego alto, retirando la espuma que suba a la superficie. Añada el tomillo, pimientas y laurel. Reduzca el fuego a bajo y tape parcialmente, deje cocer hasta que tome sabor fuerte y se reduzca una cuarta parte, por lo menos 2 horas y hasta 4 horas.

Cuele el caldo con un colador fino o sobre una manta de cielo hacia un tazón, presione los huesos y vegetales para extraer todo el sabor posible. Deseche los sólidos. Deje enfriar a temperatura ambiente, cubra y refrigere toda la noche. Retire y deseche el exceso de grasa que se forma en la superficie. Cubra y refrigere hasta por 2 días, o congele en un recipiente hermético hasta por 6 meses. Rinde 2 l (2 qt).

PESTO

3-4 cucharadas de piñones

2 dientes de ajo

2 a 3 tazas (60-90 g/2-3 oz) de hojas de albahaca bien compactadas

10 a 15 ramas de perejil italiano fresco

½ taza (125 ml/4 fl oz) de aceite de oliva extra virgen

½ taza (60 g/2 oz) de queso parmesano rallado

¼ taza (30 g/1 oz) de queso pecorino rallado

Sal y pimienta recién molida

En una licuadora o procesador de alimentos mezcle los piñones y el ajo. Procese para picar toscamente. Añada cerca de la mitad de la albahaca a picar toscamente. Agregue el resto de la albahaca, el perejil y el aceite de oliva hasta lograr una salsa verde espesa. Si la salsa está ligera, añada más albahaca y perejil. Si está espesa, agregue más aceite de oliva.

Integre los quesos y salpimiente. Procese rápido. Vierta en un frasco de cristal u otro recipiente y coloque por encima una capa delgada de aceite de oliva para prevenir que la superficie cambie de color. Tape correctamente y conserve en el refrigerador hasta por 2 semanas. Rinde 1½ tazas (375 ml/12 fl oz).

GLOSARIO

ACEITES

De Cánola o Colza: este aceite se obtiene de la colza o nabo silvestre, una planta pariente de la mostaza. Tiene alto contenido de grasa monoinsaturada y se usa para cocinar en general.

De Oliva: el aceite de oliva extra virgen está hecho de aceitunas prensadas sin usar calor. Tiene cuerpo y sabor fresco, sus diferentes tonalidades de verde van desde el verde oscuro hasta el claro y por lo general se usa en recetas que se preparan en crudo. El aceite de oliva regular (antiguamente llamado puro, actualmente se vende sin designación especial) se extrae usando calor; es de color dorado, tiene menos sabor que el extra virgen y es el adecuado para saltear.

De Cacahuate: Proviene del cacahuate y tiene un sabor parecido a la nuez, aunque en una versión más refinada. Es popular en la cocina asiática para freír ligeramente o freír a fondo.

ACEITUNAS

Kalamata: Una variedad de aceituna muy conocida originaria de Grecia. Esta aceituna tiene forma de almendra, es de color púrpura oscuro, llena de sabor y pulpa. Las aceitunas Kalamata son curadas en salmuera y empacadas en aceite o vinagre.

Nicoise: Una aceituna pequeña y de color negro originaria de Provenza, curada en salmuera y empacada en aceite con limón y hierbas.

AJO cada bulbo o cabeza de ajo es un racimo de 12 a 16 dientes, individualmente cubiertos y colectivamente envueltos con un papelillo de color blanco o rojizo morado, que es necesario remover antes de comerse. Escoja cabezas gordas con dientes firmes y sin brotes verdes.

ALBAHACA Utilizada en la cocina Mediterránea y el Sureste de Asia, la albahaca tiene un sabor parecido al anís y al clavo. Hay muchas variedades que pueden conseguirse, como la comúnmente conocida Italiana verde y la rojiza morada Thai.

ALMENDRAS El sabor delicado de las almendras es excelente para añadir a los platillos de vegetales. Para blanquear o pelar las almendras, colóquelas en un refractario y añada agua hirviendo sobre ellas. Deje permanecer por un minuto, cuele y enjuague bajo el chorro de agua fría a enfriar. Pellizque cada una para retirar la piel amarga.

AVELLANAS conocidas como filberts, las avellanas del tamaño de una uva tienen una cáscara dura con terminación en punta como bellota. Su carne es de color crema y tiene sabor dulce a mantequilla. Por su dificultad para romper, se venden sin cáscara. Vea página 66.

CANASTILLA PARA COCER AL VAPOR Vea cocer al vapor.

CEBOLLAS

Verdes: También conocidas como cebollas de cambray, son los brotes inmaduros del bulbo de la cebolla; con una delgada base blanca que no se ha engrosado y tiene largas hojas verdes planas. Su sabor es suave y puede comerse cruda, frita, asada, dorada o picada como guarnición.

Perla: Las cebollas perla son más pequeñas de 2.5 cm (1 in) de diámetro. Tradicionalmente son blancas, aunque actualmente se pueden encontrar moradas.

Morada: También llamada cebolla Bermuda o italiana, de color morado o rojo es ligeramente dulce. Es deliciosa en crudo o ligeramente cocida en mezcla de vegetales.

Echalotas: Un miembro pequeño de la familia de las cebollas, semejante a un diente de ajo, está cubierto por una delgada cáscara papelillo bronceada o ligeramente roja; su pulpa es blanca con suaves líneas color púrpura; de textura crujiente y sabor suave.

Amarilla: La cebolla globo amarilla es la más común en los Estados Unidos y se usa para cualquier platillo. Se vende en supermercados; puede tener forma de globo, aplanada o ligeramente alargada y tiene una piel de color café dorado tipo pergamino. Por lo general es muy fuerte para servirse en crudo, es exquisita y dulce al cocinarse y es ideal para caramelizar.

CHILES, MANEJO DE LOS para reducir lo picante del chile, corte sus membranas o venas y deseche las semillas, ya que es donde la capsaicina, sustancia del chile, se concentra.

Si desea el picor, no retire todas las venas y semillas. Evite tocarse los ojos, nariz y boca mientras trabaja con los chiles.Cuando termine de trabajar, lave sus manos muy bien al igual que la tabla de picar y cuchillo con agua tibia y jabón. Utilice guantes de hule para cocina mientras trabaja con chiles picantes para evitar ardor en sus dedos.

CHIRIVÍA De la familia de la zanahoria, esta raíz color marfil se parece mucho a su pariente. La chirivía tiene un sabor ligeramente más dulce y una textura más dura y con contenido de almidón que se suaviza al cocinarse. Es excelente asada, al vapor, hervida u horneada.

HINOJO Semejante en apariencia al apio, pero con un bulbo final más grande de donde emergen los tallos. El hinojo tiene un penetrante sabor a regaliz y una textura crujiente. Se consigue en cualquier época del año pero la mejor temporada es de octubre a marzo. Escoja los bulbos color crema con tallos frescos y hojas menudas verdes en la parte superior. Si una receta pide por el bulbo, corte los tallos y retire la parte del corazón que está decolorada y gruesa.

HORNO ALEMÁN Esta olla gruesa y grande, redonda u ovalada que sella herméticamente y tiene dos asas, es usada para un cocimiento lento dentro del horno o sobre la estufa. La mayoría están hechas de hierro esmaltado aunque algunas no están esmaltadas o están hechas de otros metales. Son llamadas también cacerolas u ollas para guisar.

HUEVOS CRUDOS Los huevos se utilizan algunas veces crudos o ligeramente cocidos para ciertas preparaciones o salsas. Sin embargo existe el riesgo de que estén infectados con salmonella u otra bacteria que puede envenenar los alimentos. El peligro es mayor con los niños pequeños, personas de edad, mujeres embarazadas o cualquiera que tenga un sistema inmunológico débil. Si es sano y se preocupa por su seguridad, no consuma huevo poco cocido o sustitúyalo con un producto hecho de huevo pasteurizado. Para hacer que los huevos sean un alimento seguro puede calentarlos a 60°C (140°F) durante 3½ minutos. Tome en cuenta que los huevos cocidos a fuego lento, poché y tibios no llegan a esta temperatura.

HUEVOS, SEPARANDO para separar las yemas de las claras más fácilmente, empiece con huevos fríos, en lugar de a temperatura ambiente. Coloque 3 tazones juntos. Golpeelos con cuidado justamente en la parte ecuatorial sobre una superficie plana y manteniendo sobre el tazón, haciendo un movimiento de vaivén entre las mitades de cascarón, deje que la yema se mantenga y escurra la clara sobre el tazón. Coloque la yema en el segundo tazón y pase las claras al tercer tazón. Separe los huevos adicionales sobre el tazón vacío para evitar que ningún residuo de yema entre a las claras, ya que de lo contrario no subirán correctamente al batirlas, Si acaso una yema se rompiera, empiece de nuevo con otro huevo.

Usted también puede separar las claras de las yemas; con su mano limpia formando una cuchara, deje correr las claras entre sus dedos sobre uno de los tazones y deposite la yema en otro. Puede utilizar también un separador de huevos, que es un utensilio pequeño en forma de tazón con una depresión para sostener la yema mientras se derrama la clara por una hendidura. Permita que los huevos separados regresen a la temperatura ambiente antes de utilizarlos.

JENGIBRE el jengibre fresco es un rizoma nudoso con piel suave y dorada. Pele primero y después ralle o corte como lo indica cada receta. No sustituya el jengibre en polvo por el fresco.

LIMONES para obtener jugo de limón, gire firmemente contra una superficie dura o entre las palmas de sus manos, para romper algunas de sus membranas internas. Corte el limón a la mitad a lo ancho. Utilice un exprimidor con surcos en sus orillas para extraer el jugo. Mover un tenedor insertado sobre la superficie cortada del limón, hacia atrás y hacia adelante, puede servir de la misma manera. Para la ralladura, de preferencia escoja limones orgánicos y talle muy bien para eliminar los residuos de cera.

MANDOLINA utensilio plano y rectangular ideal para cortar alimentos fácil y rápidamente. Una mandolina generalmente tiene una variedad de navajas suaves y corrugadas que permiten rebanar los alimentos en juliana o tipo waffle. Los alimentos pasan sobre las navajas muy filosas como si fuera un instrumento de cuerda, de ahí surge su nombre. Puede encontrar mandolinas francesas de metal o las asiáticas de plástico. Si el modelo que tiene no incluye una protección para la mano mantenga su mano lo más plana posible y sus dedos lejos de las cuchillas al rebanar.

MANTEQUILLA SIN SAL Muchos cocineros prefieren la mantequilla sin sal por dos razones.

La primera es que la sal adicional puede interferir con el sabor de la receta final y la segunda es que es más probable que esté fresca ya que la sal actúa como conservador, prolongando su vida en anaquel. Si no encuentra mantequilla sin sal, la mantequilla con sal sirve en la mayoría de las recetas, sólo pruebe y ajuste la cantidad total de la receta.

MOLINO DE ALIMENTOS usado para hacer puré o suavizar alimentos cocidos. Este utensilio se asemeja a una olla con base perforada y en el interior con una manija giratoria. Debido a la forma de su manija, ésta gira contra el disco perforado con pequeños agujeros. Mientras la manija se mueve, la cuchilla presiona los alimentos a través de los agujeros. Algunos molinos tienen discos intercambiables con diferentes tamaños de hoyos, mientras que otros tienen discos fijos.

NUEZ MOSCADA Es la semilla café y alargada del árbol de la mirística. Al separarla de la fruta, la nuez moscada está rodeada de una cubierta roja semejante a un encaje que, al retirarse y molerse, es la especia del macis. Cómprela siempre entera y rállela con un rallador especial para nuez moscada o con las raspas finas de un rallador manual cuando las necesite.

PANCETA Es el tocino italiano sin ahumar que resulta de frotar una laja de panza de puerco con especias que puede incluir pimienta, canela, clavos o nebrinas, enrollándolo para formar un cilindro apretado y curándolo por lo menos durante 2 meses.

PAPAS

Russet: También llamada Idaho o para hornear, este tubérculo grande y ovalado tiene piel seca de color café rojiza y una pulpa con almidón que la hace perfecta para hornearse.

Yukon gold: Papa para cualquier uso, de piel amarillo dorado, grano fino y pulpa con sabor a mantequilla. Mantiene su forma cuando se hierve por lo que puede utilizarse de la misma forma que la papa para hervir roja, blanca o de cambray. También es buena para asar.

PASAPURÉS Es un prensador de papas compuesto por una olla pequeña con base perforada y un émbolo en su orilla. El émbolo empuja la papa u otra verdura cocida suave a través de los orificios, dando como resultado granos suaves de verdura parecidos al arroz, los cuales al mezclarse producen un puré muy fino.

PEREJIL Hay dos tipos de perejil comúnmente conocidos: el chino y el de hoja plana o italiano. Este último tiene un sabor más pronunciado y es el adecuado para las recetas de este libro.

PERIFOLLO esta hierba de la temporada primaveral tiene hojas menudas, su sabor es semejante al perejil o al anís. Es un ingrediente agradable para vegetales, ensaladas y sopas.

PIMIENTA DE CAYENA es una especia de chile de cayena y otros chiles rojos muy picantes secos molidos, que puede ser usada en infinidad de platillos para robustecer y añadir fuerza al sabor. Empiece agregando poca cantidad aumentando poco a poco, rectificando la sazón.

POLVO DE CHILE CONTRA CHILE EN POLVO El polvo de chile puro es el molido de una variedad individual como el Pasilla o Nuevo México ligeramente tostado. El chile en polvo es una combinación o mezcla de varios chiles secos con especias y hierbas, como el comino, ajo, orégano y cilantro que encontramos en las tiendas de autoservicio.

QUESO PARMESANO Busque el auténtico queso italiano firme para rallar, hecho en Emilia-Romagna, ya que su sabor y textura son superiores a cualquier imitación. El Parmesano auténtico tendrá el sello Parmigiano-Reggiano estampado en su orilla. Siempre use Parmesano recién rallado para obtener un mejor sabor.

ROQUEFORT Este queso de leche de borrego originario de Francia es añejado en cuevas de piedra caliza cerca del poblado de Roquefort-sur-Soulzon en la región de los Pirineos. El queso Roquefort es suave y grumoso y tiene un sabor fuerte y limpio.

SARTÉN FREIDORA esta sartén ancha se confunde comúnmente con la sartén para saltear, pero por la diferencia de sus bordes, es más útil para freír alimentos cuando éstos se tienen que escurrir o retirar de la sartén. Tenga a la mano en su cocina una sartén pequeña y otra grande.

SARTÉN PARA SALTEAR Sartén de lados rectos y mango alto con mucho ángulo. Sus lados son bastante altos para que los alimentos puedan voltearse fácilmente sin peligro de derramarse y, por lo general, tienen tapa. La sartén para saltear también es útil para cocinar alimentos a fuego lento o para cualquier receta hecha sobre la estufa que lleve mucho líquido.

INDEX

DEGUSTIS
Es un sello editorial de
Advanced Marketing, S. de R.L. de C.V.
Aztecas 33, Col. Sta. Cruz Acatlán, C.P. 53150 Naucalpan, Estado de México

WILLIAMS-SONOMA
Fundador y Vice- Presidente: Chuck Williams
Compras: Cecilia Michaelis

WELDON OWEN INC.
Presidente Ejecutivor: John Owen; Presidente: Terry Newell;
Vicepresidente, Ventas Internacionales:Stuart Laurence; Director de Creatividad: Gaye Allen;
Editor de Serie: Sarah Putman Clegg; Editor Asociado: Heather Belt: Gerente de Estudio: Brynn Breuner;
Editor de Fotografía: Lisa Lee; Editor de Copias: Sharon Silva; Editor Consultor: Judith Dunham y Norman Kolpas;
Diseñador: Douglas Chalk; Estilistas de Alimentos: Kim Konecny y Erin Quon; Estilista de Props: Carol Hacker;
Asistente de Fotografía: Faiza Ali; Editor Asistente de Fotografía: Kris Ellis; Índice: Ken DellaPenta;
Corrección de Estilo Dresne Ahlers, y Carrie Bradley; Diseñador de Producción: Joan Olson

Título Original: Vegetable   Traducción: Laura M. Cordera
Verduras de la Colección Williams – Sonoma fue concebido y producido por Weldon Owen Inc.,
en colaboración con Williams – Sonoma.

Una Producción Weldon Owen Derechos registrados © 2002 por Weldon Owen Inc, y Williams – Sonoma Inc.

Derechos registrados © 2003 para la versión en español: Advanced Marketing, S. de R.L.. de C.V.
Aztecas 33, Col. Sta. Cruz Acatlán, C.P. 53150 Naucalpan, Estado de México

Presentado en Traján, Utopía y Vectora.

ISBN 970-718-062-5

Separaciones a color por Bright Arts Graphics Singapur (Pte.) Ltd.
Impreso y encuadernado en Singapour por Tien Wah Press (Pte.) Ltd./Printed and bound in Singapore by Tien Wah Press (Pte.) Ltd

5   06 07

UNA NOTA SOBRE PESOS Y MEDIDAS

Todas las recetas incluyen medidas acostumbradas en Estados Unidos y medidas del sistema métrico.
Las conversiones métricas se basan en normas desarrolladas para estos libros y han sido
aproximadas. El peso real puede variar.